Wolfgang Zielke

Grundlagen der Verhandlungskunst

Wolfgang Zielke

Grundlagen und Techniken der

Verhandlungskunst

GONDROM

Sonderausgabe für Gondrom Verlag GmbH & Co. KG, Bindlach 1992

Covergestaltung: Graphik Design Studio L. Mielau, Wiesbaden
Druck: Druckerei Ebner Ulm
ISBN 3-8112-0982-5

Inhalt

7. Kapitel: Das richtige Antwortverhalten

8. Kapitel: Angriff ist die beste Verteidigung

9. Kapitel: Gute, bessere, beste Abwehr

10. Kapitel: Seinen Preis halten – oder Konzessionen machen?

14. Kapitel: Einzelgedanken zum Abschluß von Verhandlungen

15. Kapitel: Teamarbeit in Verhandlungen

Einleitung

Verlag und Verfasser legen Ihnen hier ein Buch besonderer Art vor. Es unterscheidet sich in seinem Aufbau wesentlich von anderen Büchern zum gleichen Thema. Es gibt insbesondere auf dem deutschen Markt schon eine große Zahl von guten, z. T. sogar hervorragenden Büchern zum Thema Verhandlungstechniken und -taktiken (s. Literaturhinweise), die besonders gern mit einer großen Zahl von Beispielen, vielfach in anekdotischer Form vorgetragen, und Musterformulierungen arbeiten. Der Verfasser hat bei der Sichtung der Veröffentlichungen und seines eigenen, umfangreichen Sammelmaterials ob der Fülle der zu beachtenden Punkte immer wieder den Zwang zur Verdichtung empfunden. Deshalb wurde im vorliegenden Buch, jeweils nach kurzer Einleitung, in knapper Form gegenübergestellt: Das, was vorzugsweise zu beherzigen ist und daneben jenes andere, was man besser unterläßt, ergänzt durch eine kurze Begründung oder einen weiteren Hinweis, der in die eigene Praxis zu übertragen ist. Durch diese Darstellungsweise sollte versucht werden, der Weitschweifigkeit entgegenzuwirken. Außerdem kann der Leser, mit Hilfe des ausführlichen Stichwortverzeichnisses schnell zu einzelnen Stellen zurückfinden und das Buch läßt sich als Nachschlagewerk benutzen. Am Schluß eines jeden Kapitels finden sich besonders wichtige Aussagen in kurzer Formulierung zusammengestellt, so daß diese Sätze auch als Checkliste verwendet werden können. Am Anfang eines jeden Kapitels wurde jeweils versucht, seinen Hauptgedanken in einer „Regel" zusammenzufassen.

In seiner gesamten Konzeption beabsichtigt deshalb dieses Buch mehr, dem Leser Denkanstöße zu geben als einen auswendig zu lernenden Stoff zusammenzutragen.

1. KAPITEL

Verhandlungseigenschaften und -voraussetzungen

Hauptregel

Je mehr Verhandlungsvoraussetzungen erfüllt sind und um so mehr Mühe auf sorgfältige Vorbereitung gelegt wird, desto geringer sind Mühen, Kraft- und Zeitaufwand in der Verhandlung selbst, um gute Ergebnisse zu erzielen.

Viele Menschen hegen Verhandlungen gegenüber falsche Anschauungen. Der größere Teil hält sie für schwierig und einer Elite vorbehalten. Andere schätzen sie für zu gering ein und geben sich nicht die Mühe, sich intensiver mit ihren Grundlagen zu befassen. Die Verhandlungsergebnisse sind dann danach. Verhandeln kann man lernen. Es ist keine Gabe, die man in die Wiege gelegt bekam oder nicht. Es darf aber auch nicht übersehen werden, daß Verhandlungen echte und oft harte Arbeit sind.

Da es in Verhandlungen immer um Vorteile geht, eben um die, die man aushandeln will, lohnt sich der Arbeitsaufwand für jeden, zu dessen Tätigkeiten auch die des Verhandelns gehören.

Wir haben unseren Lesern hier eine große Zahl von Gedanken zusammengestellt, mit denen sich jeder auseinandersetzen sollte, dem an besseren Verhandlungsergebnissen liegt. Manche dieser Gedanken sind uraltes Erkenntnisgut der Menschheit, andere haben sich jüngst in der Geschäftspraxis und im Managertraining entwickelt. Wir beschreiben auch Verhandlungstaktiken, ihre Wirkung und, wo es nottut, Maßnahmen zu ihrer Abwehr. Es ist wesentlich, einen großen Teil seiner Mühe in die Vorbereitungen zu legen. Man kann es zu diesen Vorbereitungen zählen, daß sich der Verhandlungswillige (oder -genötigte) eine Reihe von Verhandlungseigenschaften zulegt und Voraussetzungen schafft.

Dabei sprechen wir von guten Eigenschaften und warnen zugleich vor den schlechten, die Verhandlungserfolge von vornherein in Frage stellen.

Die Zeit, die es erfordert, sich gute Verhandlungseigenschaften zuzulegen, ist schon in den nächsten Aussprachen wieder hereingeholt. Hiermit meinen wir jetzt Eigenschaften, die in allen Gesprächs-, Verhandlungs-, Diskussionssituationen von gleicher Bedeutung sind. Gleiches gilt für bestimmte Verhandlungsvoraussetzungen, zu denen dann noch jene treten müssen, die es für eine ganz bestimmte Situation zu bedenken gilt. Wer es wagt, einem Partner, Kunden oder Opponenten gegenüberzutreten, ohne für diese Situation ausreichend gewappnet zu sein, gleicht einem Wanderer, der ein sumpfiges Gelände durchqueren will, ohne den rechten Pfad zu kennen, er darf sich nicht wundern, wenn er einsinkt.

Eine alltägliche Verhandlungssituation ist die Bitte um Gehaltserhöhung – wenn das nicht die Gewerkschaft von Zeit zu Zeit erledigt; diese Leute aber bereiten sich sehr lang und sorgfältig vor. – Die meisten Arbeitnehmer gehen ohne sorgfältige Vorbereitung, nur in dem Wunsch, ,,mehr" zu bekommen, um Lohnerhöhung bitten. Der angesprochene Personalchef ist zumeist sehr gut vorbereitet, denn es gehört geradezu zu seinen täglichen Aufgaben, solche Forderungen abzuwehren oder doch im tragbaren Rahmen zu halten.

Verhandelnde haben immer einen guten Start, wenn ihnen allgemeine positive Verhandlungseigenschaften eigen sind. Unsere Leser können es im folgenden gut prüfen, wie es um sie steht. Es gibt auch einige „Beinahe-Selbstverständlichkeiten", die Verhandlungssituationen beträchtlich erleichtern. Unsere Leser sollten auch das überprüfen.

Ein amerikanisches Sprichwort weist darauf hin, daß der Mensch zwei Ohren, jedoch nur einen Mund habe und leitet daraus ab, daß man doppelt so viel hören als selbst sagen sollte. Das kann man getrost in die Verhandlungsvoraussetzungen aufnehmen. Zuhören können ist zugleich eine gute Eigenschaft, die es erlaubt, in Ruhe nachzudenken, welche weiteren Schritte man selbst tun will. Auf die Denkarbeit aber kommt es in Gesprächssituationen vor allem an. Der Verkaufsvertreter, welcher lange Zeit als der Prototyp des Verhandelnden galt, kann zwar hier und da einen Kunden beschwätzen, überreden; will er Dauererfolge erzielen, so muß er hingegen überzeugen. Das ist nur möglich, wenn er sich sehr gut vorbereitete. Neben den Kenntnissen seines Faches bzw. der zu verkaufenden Ware ist es vor allem wichtig, dem Verhandlungspartner die Vorteile darzustellen, die er aus der Verhandlung bzw. dem Kauf davontragen wird. Wer sich gründlich vorbereitete, gute Voraussetzungen herstellt, also gründliche Vorüberlegungen anstellte, kann guten Mutes in eine Verhandlung gehen.

Überprüfen Sie, wie weit bei Ihnen alles schon zum Besten steht und wo Sie noch etwas Hand anlegen müssen. Wir erleichtern Ihnen die Arbeit dadurch, daß wir Sie nachstehend deutlich darauf aufmerksam machen, was Sie im einzelnen tun sollten und was besser unterbleibt.

Gute Verhandlungseigenschaften

Jeder Mensch ist veranlagt, ein guter Verhandlungstaktiker zu sein. Die zugehörigen Eigenschaften sind vorhanden und brauchen nur entwickelt und zielgerecht eingesetzt zu werden. Es sind das meist Eigenschaften, die auch für andere zwischenmenschliche Beziehungen bedeutsam sind. Wir haben Ihnen das Wesentliche zusammengestellt. Wichtig ist es, sich klar vor die Augen zu stellen, warum die einzelnen Punkte zu beachten und weshalb andere streng zu vermeiden sind. Wir möchten Ihnen die Arbeit erleichtern. Deshalb wurden in kurzen, fast merksatzähnlichen Aussagen wichtige Plus- und Minuspunkte gegenübergestellt und – ebenfalls kurz – dazu die Hauptgründe für die anzustrebenden bzw. zu unterlassenden Verhaltensweisen genannt. Überprüfen Sie es selbst, wie weit Sie sich schon als guten Verhandlungstaktiker bezeichnen dürfen oder gar Teil haben an nahezu idealen Verhandlungseigenschaften:

Das sollte Ihnen eigen sein:	**Das sollten Sie besser lassen:**
Die Fähigkeit, bei Ihren Verhandlungspartnern Vertrauen zu erwekken	Alles, was Ihren Partnern das Vertrauen zu Ihnen entziehen könnte

Denn: Ohne gegenseitiges Vertrauen entsteht keine positive Verhandlungsatmosphäre

---

Die Gewohnheit, Informationen, die in Verhandlungen gebraucht werden, genau zu prüfen	Ohne Kenntnis der genauen Daten und Fakten sowie ihrer Verwendung, eine Verhandlung zu beginnen

Denn: Ohne exakte und korrekte Daten verliert man den Boden unter den Füßen und wirkt unglaubwürdig

---

Der Mut, eingefahrene Gleise zu verlassen, eigene Ideen zu entwikkeln und vorzutragen	Stur auf den seit Jahrzehnten ausgetretenen Pfaden von Verhandlungskonventionen dahinzutrotten

Denn: Von Zufällen abgesehen, kann man nur mit eigenen Ideen zu selbst gesetzten Zielen kommen

Die Ruhe zu bewahren, auch wenn sich eine Konfliktsituation anbahnt	Sich bei Meinungsverschiedenheiten aus der Ruhe bringen zu lassen

Denn: Wer die Ruhe verliert, verliert leicht die Übersicht und kommt aus dem Konzept

---

Die Verhandlung immer unter im voraus festgelegten übergeordneten Gesichtspunkten zu sehen	Sich nicht an Kleinigkeiten aufhalten und die große Linie hintanzusetzen

Denn: Wer die große Linie verläßt und sich an Kleinigkeiten klammert, kann sich in ihnen verlieren

---

Die Geduld, mit der die sich in der Verhandlung anbahnende Entwicklung abgewartet wird	Ein zu starkes Drängen auf Ergebnisse, das andere die Ungeduld erkennen läßt

Denn: Wer die Geduld verliert, verliert auch oft den Blick für seine Chancen und die Fähigkeit, entsprechend zu steuern

---

Die Fähigkeit, zwischen Personen und Sachen zu unterscheiden	Andere persönlich anzugreifen, wenn die Dinge nicht wunschgemäß laufen

Denn: Mit persönlichen Angriffen zeigt man meist, daß man die Sache, um die es geht, nicht beherrscht

---

Interesse für die Ausführungen der anderen zu zeigen und zuhören zu können	Während der Ausführungen anderer Verhandlungsteilnehmer die Aufmerksamkeit abzuschalten

Denn: Nur bei aufmerksamen Zuhörern findet man die Ansatzpunkte für die Durchsetzung der eigenen Wünsche

---

Gesundes Selbstvertrauen, welches vor allem auf Kenntnissen des Verhandlungsgegenstandes beruht	Unsicherheit und ängstliches Verhalten innerhalb der Besprechungen

Denn: Kenntnismangel und die sich daraus zumeist ergebende Unsicherheit werden von versierten Opponenten ausgenutzt

Aufgeschlossenheit dem Rat von Fachleuten gegenüber	Ignoranz von Ratschlägen, die auf fundierten Kenntnissen beruhen

Denn: Man wird sonst vergeblich um Rat bitten, wenn es einmal besonders darauf ankommt

---

Sicheres Überspielen ggf. vorhandener oder nur empfundener Mängel (z.B. geringe Körpergröße oder Dialekt)	Angst zu zeigen, weil man sich anderen in Äußerlichkeiten unterlegen fühlt

Denn: Zum einen ist niemand vollkommen, der andere hat auch seine Mängel. Zum anderen wird solche Angst erkannt und ausgenutzt

---

Etwas Selbstkritik, verbunden mit Humor	Humorlosigkeit und überhebliches Auftreten

Denn: In einer heiteren Stimmung kommt man schneller zu Kontakten, die Selbstkritik läßt dabei die Sinne wach bleiben

---

Einige „Beinahe-Selbstverständlichkeiten“

Inzwischen wird bei unseren Lesern die Frage nach manchem „wie“ aufgetaucht sein. Wie ist es anzustellen, daß man im Verhandlungspartner Vertrauen erweckt? Wie kommt man an eigene Verhandlungsideen? Wie bewahrt man Ruhe und Geduld und baut gesundes Selbstvertrauen auf? Die Fragen finden Sie in den verschiedenen Kapiteln unseres Buches ausführlich beantwortet. Die Antworten auf solche und ähnliche Fragen machen letztlich den Inhalt dieses Buches aus.

Vielleicht hat sich auch schon mancher Fachmann Gedanken gemacht, meines Wissens gibt es jedoch bislang weder Normen noch festgelegte Anweisungen für Verhandlungen. Hingegen bildeten sich verschiedenenorts seit längerer Zeit allerlei Grundregeln aus, die man fast zu den Selbstverständlichkeiten zählen könnte, würde nicht fortlaufend von Verhandelnden gegen sie verstoßen.

Sie sollten beachten:	**Sie sollten vermeiden:**
Pünktliches Erscheinen zum angesetzten Verhandlungstermin	Auch nur um Minuten zu spät am Verhandlungstisch zu erscheinen

Weil: Unpünktlichkeit Ihnen als Mißachtung der Partner ausgelegt werden könnte und man gegen Sie Front macht

---

Daß Ihre Erscheinung gepflegt ist, unabhängig davon, welcher Kleider- oder Haarmode Sie zugetan sind	In Ihrem Äußeren nachlässig oder schlampig (wenn nicht gar unsauber) zu erscheinen

Weil: Man zurückschließt auf eine entsprechend nachlässige Geisteshaltung und das Ihre Position schwächt

---

Immer gründlich vorbereitet in eine Verhandlung zu gehen, sich auf das Thema und die Kontrahenten sorgfältig einzustellen	Ohne ausreichende Vorbereitung sowohl auf den Verhandlungsgegenstand als auch auf die Menschen, denen Sie begegnen, in die Verhandlung zu gehen

Weil: Es Ihnen den Überblick und damit vielleicht die Überlegenheit gibt, Ihre Wünsche durchzusetzen

---

Immer ein echtes Interesse an den Dingen auf- und in die Verhandlung mitzubringen	Gelangweilt an Sache und Personen eine Verhandlung aufzusuchen

Weil: Interesse heißt, mitten in den Dingen zu stehen und diese damit in den Griff zu bekommen

---

Notwendige Kritik positiv, d.h. aufbauend vorzutragen	In negativen Formulierungen zu formulieren

Weil: Negative Formulierungen als Meckern aufgefaßt werden kann und in ihnen selten der Wille zur Besserung erkennbar ist

---

Selbst bereit sein, Kritik bzw. Lehre anzunehmen	Sich guten Gründen zu verschließen

Weil: Unbelehrbarkeit nahezu immer den Nichtskönner kennzeichnet

---

Höflich und freundlich bleiben, auch wenn andere es nicht sein sollten	Unhöflich zu werden und Grobheit mit gleicher Münze zu bezahlen

Weil: Sie dabei die Ruhe und Überlegenheit verlieren und in fruchtlosen Streit geraten

---

Toleranz zu wahren, wie intolerant auch andere sein mögen	In Worten, Gesten oder Haltung Intoleranz auszudrücken

Weil: Toleranz den Selbstsicheren kennzeichnet und Intoleranz oft ein Zeichen von Unzulänglichkeiten ist

---

Soweit es Ihre physischen und psychischen Kräfte zulassen, sich zu konzentrieren

Mit den Gedanken abzuschweifen und sich ablenkenden Einflüssen hinzugeben

Weil: Sich jede Konzentrationsverminderung auch mindernd auf den Verhandlungserfolg auswirken kann

---

Nur mit ausreichenden Befugnissen in eine Verhandlung zu gehen

Ohne Kompetenzen Verhandlungen aufzusuchen (es sei denn als Beobachter)

Weil: Verhandlungen nur der zu einem Abschluß bringen kann, der ausreichende Befugnisse hat

---

Körperlich voll auf der Höhe zu sein

Indisponiert oder krank an den Verhandlungstisch zu gehen

Weil: Kranke ins Bett gehören, Verhandlungen Schwerarbeit sein können und sich Spekulationen auf Mitleid und Nachsicht in bezug auf den Verhandlungsgegenstand nie auszahlen

---

Kenntnis der für den Fall geltenden Regeln oder Vereinbarungen zu haben

Ohne Kenntnis der gültigen Regeln (z.B. Geschäftsordnung) zu verhandeln

Weil: Bei Unkenntnis der Regeln man zu stark mit Äußerlichkeiten zu kämpfen hat und vom Thema abkommt

---

Vorgedanken und Vorbereitung

Sollte unseren Lesern beim Betrachten der „Beinahe-Selbstverständlichkeiten" hier und da aufgefallen sein, daß es bei ihren Verhandlungen wirklich noch ganz anders aussieht, dann haben sie in den Ausführungen schon ein Arbeitsprogramm. Bevor an die Vorgedanken und Vorbereitungen einer besonderen Verhandlung gegangen wird, sollten für sie aus den „Beinahe-" volle „Selbstverständlichkeiten" geworden sein. Die Grenzen zwischen allgemeinen Grundlagen und der Vorbereitung auf eine spezielle Verhandlung sind zum Teil fließend. Kontrollieren Sie es an den nachfolgend aufgeführten Punkten selbst. Wichtig einzusehen ist: Die Gedanken, die man vor einer Verhandlung auf ihren Inhalt und möglichen Ablauf richtet, können in der Verhandlung selbst erhebliche Zeit einsparen und die Wahrscheinlichkeit erhöhen, daß man sicher zum gesetzten Ziel kommt. Vorbereitungszeit, wenn konzentriert, zielgerecht genutzt, ist niemals verschwendet.

Bedenken Sie:	**Vermeiden Sie** (auch bedenkend):
Es sind Wege zu suchen, wie die eigenen Wünsche in zumutbare Forderungen gekleidet werden können	Nicht von vornherein übertriebene oder unzumutbare Forderungen erheben

Schließlich: Wollen Sie das Erreichbare erreichen und nicht (wie es sonst geschehen würde) unzumutbare Gegenforderungen einhandeln

---

Es ist ein Spielraum zwischen Höchstforderung und dem, was minimal erreicht werden muß, zu setzen	Keine starren oder absoluten Forderungen erheben. Verhandlungsspielraum nicht mißachten

Schließlich: Wollen Sie verhandeln. Wenn Sie diktieren können, was Sie wollen, bedarf es gar keiner Verhandlung

---

Man sollte für seinen guten Ruf als umgänglicher und liebenswürdiger Verhandlungspartner sorgen

Nicht in den Ruf kommen, ein brutal kämpfender Verhandlungstechniker zu sein

Schließlich: Verhandeln heißt nicht Gegner- sondern Partnerschaft als Basis der einander anzunähernden Wünsche

---

Verhandlungspartner müssen anerkannt, der Kontakt zu ihnen gesucht werden

Auch wenn der Verhandlungspartner als Gegner betrachtet werden sollte, keine Mißachtung

Schließlich: Wird Verhalten – bei aller Ratio – vom Gefühl her gesteuert. Anerkennung vergrößert die Kontaktbereitschaft

---

Das Verhandlungsklima mit einem Schuß Humor freundlich gestalten

Tierischer Ernst ist aus Verhandlungen möglichst herauszuhalten

Schließlich: Sachlichkeit ist nicht Verbissenheit. In freundlicher Atmosphäre kommt man einander besser entgegen

---

Ab und zu die Dinge mal vom Gegenstandpunkt aus ansehen

Die Ansichten des Verhandlungspartners nicht mißachten

Schließlich: Es ist immer das Nichtverstehen eines anderen, das zu Meinungsverschiedenheiten führt

---

Bei allem eigenen positiven Verhalten darauf vorbereitet sein, daß der andere es nicht ist

Aus Vertrauen nicht Vertrauensseligkeit oder gar Vertrauensdusseligkeit werden lassen

Schließlich: Gibt es Verhandlungspartner, die hinter positiven Eigenschaften Schwächen vermuten, die sich ausnutzen lassen

---

Man muß gelegentlich auch mit Drohungen rechnen, darauf gilt es, vorbereitet zu sein

Ohne generelles Mißtrauen Obacht geben, ob der Opponent mit Drohungen traktieren will

Schließlich: Wer, ohne daß er darauf vorbereitet war, Drohungen erhält, läßt sich leichter einschüchtern als der, der mit dieser Möglichkeit rechnet

---

Das ganze Verhandlungsthema mit allen Verlaufsmöglichkeiten (Alternativen) vorab durchdenken	Selbst wenn noch so viele Erfahrungen vorliegen, nicht ohne sorgfältige Vorüberlegungen in die Verhandlung gehen

Schließlich: Es gibt nicht nur eine Möglichkeit des Verlaufes (oft auch mehrere des Ausganges) – man muß auf alle gefaßt sein

---

Zur Vorbereitung auch mal den advocatus diaboli spielen, d.h. vom Gegnerstandpunkt die Dinge betrachten	Gegnergründe niemals völlig in den Wind schlagen

Schließlich: Wer alle vermutbaren Möglichkeiten erwägt, wird auch für jeden Fall die richtigen Mittel zurechtlegen

---

Lauterkeit und der erste Eindruck

Stellen wir es noch einmal ganz deutlich heraus, daß Verhandlungen Arbeit unter Partnern sein sollte. Eine mühevolle und oft harte Arbeit zwar, aber doch auch eine, die zum Ausgleich der gegenseitigen Interessen führen soll. Zu viele Verhandelnde sehen in ihren Zusammenkünften Kämpfe, in denen es notgedrungenerweise Verlierer und Gewinner geben muß. Sicher trifft das in der Praxis noch oft zu, das ist aber kein Beweis für die Richtigkeit. Das beste Verhandlungsergebnis ist vielmehr dann erreicht, wenn nach Abschluß beide Parteien das Gefühl haben, daß sie Vorteile gewannen. Der Lauf von Verhandlungen und ihr Ergebnis wird wesentlich beeinflußt von der Lauterkeit der Partner sowie auch dem Eindruck, den sie aufeinander machen. Für letzteres gilt oft genug die alte Volksweisheit, daß der erste Eindruck der beste sei. Tragen Sie bewußt dazu bei, daß Ihre Gegenspieler den erwünschten guten Eindruck erhalten und bemühen Sie sich um Lauterkeit im Meinungsaustausch.

Halten Sie fest:	**Sehen Sie davon ab:**
Wahrheit in den Aussagen gibt gemeinsamer Arbeit den rechten Start	Nicht mit unwahren Angaben operieren oder den anderen Sand in die Augen streuen

Verständlicherweise: Wird man dem mißtrauen, der einmal mit falschen Angaben Erfolge für sich kassieren wollte

---

Anerkennung aus sicherem Auftreten und aufrichtigem Charakter entstehen lassen	Nicht darum buhlen, auf jeden Fall bei allen Verhandlungsteilnehmern „beliebt" zu sein

Verständlicherweise: Muß man seinen Preis bezahlen, wenn man „um jeden Preis" beliebt sein will

---

Zur Aufrichtigkeit gehört, daß eigene Fehler zur rechten Zeit zugegeben werden

Fehler nicht vertuschen, verschweigen oder auf andere abschieben

Verständlicherweise: Gehört Mut dazu, einen Fehler zuzugeben. Man leitet von solchem Tun aber die allgemeine Aufrichtigkeit des Eingestehenden ab

---

Auseinandersetzungen auf sich nehmen, aber nicht bewußt selbst herbeiführen

Streit ist nicht unvermeidlich. Ist er da, ihn nicht künstlich verlängern

Verständlicherweise: Nützt es mancher aus, wenn sich der andere vor Auseinandersetzungen fürchtet. Weiß man ihn zu beenden, so werden andere seltener den Streit zur Taktik machen

---

Im Team aufeinander bauen und gegenseitig Anerkennung zollen

Niemals abfällige Äußerungen über die Angehörigen des eigenen Verhandlungsteams machen

Verständlicherweise: Daß ein Verhandlungsgegner den erkannten Keil zwischen Teamangehörigen zu seinem Nutzen tiefer zu treiben versucht

---

An Gewinnchancen jeder Art denken, auch wenn es sich nicht in Mark und Pfennigen ausdrücken läßt

Nicht allein an das Geld denken, wenn man das Verhandlungsergebnis ins Auge faßt

Verständlicherweise: Sind „billige" Waren besonders teuer, wenn man Qualität und Lebensdauer berücksichtigt. Aber auch ideelle Werte übersteigen oft den des Geldes

---

Vorteile des Abschlusses im eigenen Sinne dem Gegenüber klar vor die Augen stellen

Nicht annehmen, daß der Verhandelnde gegenüber wissen muß, was er durch Ihr Angebot gewinnt

Verständlicherweise: Argwöhnt fast jeder Verhandelnde zunächst, daß es seinem Gegenüber nur um den eigenen Gewinn geht. Einsicht in seinen eigenen Nutzen macht ihn abschlußwillig

---

Unbescholtenheit ist so gut wie nicht versetzbar. Guter Ruf gibt begründet Kreditwürdigkeit

Den eigenen guten Ruf nicht vernachlässigen oder gar nicht um ihn kümmern

Verständlicherweise: Kann alle Intelligenz und Wortgewandtheit (Rhetorik/Dialektik) nicht die negative Vorbelastung durch einen schlechten Ruf ausgleichen

---

Generelle Verhaltensweisen

Schließen wir unsere Betrachtungen über Verhandlungseigenschaften und -voraussetzungen mit einigen weiteren, allgemeinen Verhaltensweisen ab. Auch sie werden sich andernorts beim Zusammentreffen von Menschen gewinnbringend auszahlen. Noch ein Rat: Bevor wir Sie – vom nächsten Kapitel an – mit Einzelheiten der Verhandlungsführung vertraut machen und Sie sich dort einzelne Punkte herauspicken (was immer noch besser wäre als gar nichts zu tun), versuchen Sie doch, das Allgemeine ins rechte Lot zu bringen. Von vielen hier „generell" genannten Verhaltensweisen lassen sich, wie Sie später sehen werden, die speziellen ableiten. Was für Verhandlungen gilt, gilt auch für die Arbeit mit diesem Buch: Je gründlicher die eigenen Vorgedanken, desto mehr Arbeit läßt sich später einsparen.

Gewinnen Sie die Einsicht:	**Weisen Sie von sich ab:**
Die eigene Fähigkeit, eine Verhandlung zu führen, sollte nicht unterschätzt werden	Angst vor der Verhandlungssituation oder denen, mit denen Sie es zu tun haben

Sicherlich: Kann jeder, der Sachkenntnisse hat und sich gut vorbereitete, eine Verhandlung zum guten Ende bringen

---

Lampenfieber oder (meist nur scheinbar) mangelnde Fähigkeiten sind einem nicht auf den Rücken geschrieben	Der Verhandlungspartner sieht es uns im allgemeinen nicht an, wie wir in die Verhandlung gehen

Sicherlich: Ist es psychologisch von Vorteil, wenn man annimmt, daß der andere unsere Unsicherheiten nicht bemerkt

---

Verhandlungspartner kochen auch nur mit Wasser und in der Sauna sehen alle ziemlich gleich aus	Falsche Ehrfurcht oder gar Angst vor Statussymbolen sind meist fehl am Platze

Sicherlich: Glänzt ein anderer nur auf einem Gebiet und ist Ihnen auf anderen unterlegen. Deshalb keine Angst vor Titeln, Uniformen, Sonderstärken

Regeln und Vorschriften sollen die Arbeit oder Verfahrensweise erleichtern	Keine Bange vor irgendwelchen Prinzipien, Ordnungen oder Anweisungen

Sicherlich: Arbeitet es sich mit Regeln viel einfacher als ohne. Wenn nicht, überprüfen, ob sie noch gelten oder nicht längst abgelegt werden sollten

---

Man muß abwarten können, wenn man mit eigenen Wünschen nicht schnell genug vorankommt	Nicht zu sehr drängen, wenn ein Stillstand in der Verhandlung droht

Sicherlich: Bringt man die eigenen Absichten besser voran, wenn man sich auf die (den erwarteten Nutzen) des anderen konzentriert und beide in Einklang zu bringen versucht

---

Immer die Sinne offenhalten, besonders, wenn es zu einer Stockung in der Verhandlung kommen sollte	Auf keinen Fall nachlässig werden, wenn eine Verhandlung ins Stocken gerät

Sicherlich: Sieht der Partner dann im Augenblick keine Chance für sich. Forschen Sie danach, wie Sie sie wieder bieten können

---

Sie haben nunmehr nahezu ein halbes Hundert von Hinweisen erhalten. Dabei wurde sowohl die positive als auch die negative Seite beleuchtet. Schließlich begründeten wir zu jedem Punkt die Notwendigkeit des richtigen Verhaltens. So viel kann sich niemand mit einem Mal merken. Schlagen Sie später wieder nach. Die Gestaltung unseres Buches ist bewußt so vorgenommen worden, daß Sie benötigte Stellen schnell wiederfinden. Für eine grobe Orientierung genügt schon das Inhaltsverzeichnis. Wollen Sie einen Unterpunkt auffinden, so bedienen Sie sich bitte des Stichwortverzeichnisses am Buchschluß.

Als Abschluß dieses Kapitels und bevor wir mit dem nächsten bereits zu spezielleren Problemen vorstoßen, stellen wir Ihnen noch einmal die 10 wichtigsten Gedanken des bislang Gesagten zusammen.

Diese Sätze näher und etwas intensiver anzuschauen, lohnt. Sie brauchen sie nicht auswendig zu lernen. Mit dem Merken ihres „Inhalts“ jedoch werden Sie sich zugleich so mancher der anderen Hinweise im Vorangegangenen erinnern.

Wollen Sie sich den Inhalt jedoch schnell zum geistigen Besitz machen und sich damit schon die ersten Hilfsmittel für Verhandlungserfolge zurechtlegen, dann sollten Sie, so gut oder wenig gut es jetzt schon geht, versuchen, in der Praxis etwas davon einzusetzen.

Bemühen Sie sich in der nächsten Verhandlungssituation nach den gewonnenen Einsichten vorzugehen.

Bitte beachten Sie besonders:

- Vor – und vor allem in – Verhandlungen die Ruhe bewahren.
- Ein gesundes Selbstvertrauen entwickeln.
- Sich mit den geltenden Regeln vertraut machen.
- Ein echtes Interesse am Verhandlungsthema und den Verhandlungspartnern zu gewinnen suchen.
- Ein gutes Verhandlungsklima zu schaffen.
- Sich voll auf das Verhandlungsthema konzentrieren.
- Sich denkend gründlich vorbereiten.
- Alle benötigten Informationen auf Gehalt und Richtigkeit hin überprüfen.
- Einen angemessenen Verhandlungsspielraum vorsehen.
- Die Vorteile für den Verhandlungspartner deutlich herausstellen.

2. KAPITEL

Forderungen – Käuferwünsche – Verkäuferabsichten

Hauptregel

Der verschafft sich in Verhandlungen die günstigste Ausgangsposition, der in den Verhandlungspartnern Vertrauen zu erwecken versteht und sie zu der Einsicht bringt, daß es ihm um deren Interesse ebenso geht, wie um die eigenen.

Wer in eine Verhandlung geht, verbindet damit die Absicht, eigene Bedürfnisse zu befriedigen und hofft, seine Wünsche durchzusetzen. Versteht es ein Verhandlungspartner, den anderen bei seinen Wünschen zu packen, die Befriedigung von Bedürfnissen in Aussicht zu stellen, dann hat er damit eine solide Verhandlungsbasis geschaffen und kann seinerseits hoffen, einen erfolgbringenden Abschluß zu tätigen.

Kenntnis der Käuferwünsche beispielsweise lassen einen Verkäufer geschickter vorgehen als die einseitige Betrachtung der eigenen Absichten. Man spricht heute vielerorts, auch in Verhandlungssituationen, von den Motiven, die den Menschen leiten und bei denen man ihn zu fassen bekommen kann. Der geschickte Verhandlungspartner legt sein volles Augenmerk darauf, die Wünsche seines Gegenübers zu erkennen und dessen Motive in seinem Sinne zu steuern.

Zählt ein Verkäufer lediglich auf, welche Eigenschaften sein Produkt hat, kann er leicht dabei übersehen, daß der andere nicht nur mit rationellen Erwägungen, nicht nur mit dem Verstande, kauft, sondern vielleicht weit mehr von seinen persönlichen Empfindungen ausgeht.

Begriffe wie „alteingesessene, bekannte Firma", „erstklassige Qualität", „langjährige Facherfahrungen", „bester Kundendienst" gelten bei vielen längst als selbstverständlich und deshalb nicht erwähnenswert und werden von anderen als abgedroschen bezeichnet. Auf gar keinen Fall tragen sie dazu bei, einem Käufer zu zeigen, welche seiner unmittelbaren Wünsche erfüllt werden. Ein gutes Beispiel ist der Autokauf. Wer sich einen neuen Wagen zulegen will, erwartet es als selbstverständlich, daß der gut fährt, Bedienungskomfort aufweist und leicht zu warten ist und kennt ohnehin die wichtigsten technischen Daten der verfügbaren Modelle von vornherein. Wahrscheinlich steckt hinter seinem Kaufwunsch eine gute Portion Prestigedenken, ein gewisser Geltungsdrang = „Es-anderen-zeigen-Wollen". Weiß das der Verkäufer zu nutzen und streut die technischen Daten geradezu zur Rechtfertigung des Kaufwilligen ein, so wird er leichter zu einem Abschluß über ein größeres Modell kommen, als wenn er lediglich auf ein paar höhere Zahlenwerte hinweist. Auch Werbeprospekte und ähnliche Drucksachen bringen im allgemeinen zunächst stimulierende Bilder, die Gefühlsmomente ansprechen, und fassen die technischen Daten kurz am Schluß zusammen.

Wenn es einem Verhandelnden nicht gelingt, die oft versteckten, fast sogar geheimen Wünsche seines Gegenübers anzusprechen, wird es ihm schwerfallen, zu einem befriedigenden Ergebnis zu kommen. Oftmals sind Wünsche oder Motive sogar so tief sitzend, daß sich selbst ihr Träger nicht völlig im klaren über sie ist. Nun haben allerdings beide Verhandlungsparteien ihre

Vorstellungen, Wünsche und Motive. Jeder Mensch sucht seine Vorteile. Die besten Aussichten, zu günstigen Verhandlungsergebnissen zu kommen, hat der aktive Teilnehmer, der Eigenabsichten und Absichten des Gegenübers in guten Einklang zu bringen versteht. Zu bedenken ist bei alledem, daß die erwünschten Vorteile durchaus nicht immer hauptsächlich im materiellen Feld liegen. Es ist nicht gesagt, daß lediglich ein möglichst niedriger Preis angestrebt wird. Weit öfter als materieller, sind die Wünsche sogenannter ideeller Natur, wenngleich manche nicht zu den idealen Eigenschaften zu zählen sind. Hat man bei einem Verhandlungspartner immaterielle Bedürfnisse entdeckt, so kann durch sie vielleicht eine materielle Forderung ausgeglichen werden. Ist eine Frau davon überzeugt, daß sie die einzige in der ganzen Stadt ist, die ein bestimmtes Kleidermodell erwerben kann, dann wird ihr durchaus positiv zu wertendes Geltungsstreben einen höheren Preis akzeptieren als bei vergleichbaren Modellen, die jede andere auch kaufen kann. Man spricht in verschiedenen Lebenssituationen, z.B. beim Lernen, davon, daß es wichtig sei, die Interessen zu steigern. Das gilt auch für Verhandlungen. Man muß es zu den Verhandlungspraktiken, wenn nicht gar schon zu Verhandlungstaktiken zählen, die Interessen der Verhandlungspartner zu erkennen und zu verstärken. Versteht es jemand, schon in den ersten Worten der Aussprache auszudrücken, daß er an den Wünschen des Gegenübers ein starkes Interesse nimmt, dann werden damit auch dessen Interessen am anvisierten Verhandlungsabschluß verstärkt. Niemand kann erwarten, daß seine Forderungen erfüllt werden, wenn der, der sie erfüllen soll, nicht darin einen Vorteil für sich sieht. Er muß demgemäß wahrheitsentsprechend, sachlich und für den anderen verständlich derartige Vorteile vortragen.

Gerade so wichtig ist es in der gleichen Situation, gut zuhören zu können. Allein das Zuhören wird mitunter als ein Zeichen gesteigerten Interesses gewertet. Aufmerksames Zuhören läßt den Zeitpunkt der fälligen Vereinbarung, d.h. des Verhandlungsabschlusses weitaus besser erkennen, als wenn man ununterbrochen redet. Der Mensch, dem man zuhört, fühlt sich in gewisser Weise geehrt, weil durch das Hören Teilnahme zum Ausdruck kommt. Oft bedarf es nur noch einiger geschickt lenkender Fragen und man hat die gesamte Palette der Wünsche des anderen vor sich ausgebreitet; dann an der richtigen Stelle mit seinen eigenen Absichten anzuknüpfen, ist ein leichtes.

Was Verhandlungspartner ganz allgemein erwarten

Es gibt einige Dinge, die erwartet man ganz allgemein und fast als selbstverständlich in Verhandlungen. Fehlen sie, bzw. werden sie mißachtet, so ist die Verhandlungsatmosphäre schon vergiftet. Ist gar ihr negatives Gegenteil anzutreffen, dann wird es nur schwerlich zu einem befriedigenden Abschluß kommen. Überprüfen Sie rückwirkend, für Verhandlungen, die schon hinter Ihnen liegen, was Sie richtig oder falsch machten. Bedenken Sie jedoch vor allem bei künftigen Verhandlungen unsere Hinweise. Ein richtiges Verhalten im Sinne der unten aufgeführten Punkte heißt, von vornherein Widerstände vermeiden, wie sie sonst auftreten werden.

Man kann zu Recht erwarten:	Man kann es gar nicht leiden:
Der zuvor ausgemachte Verhandlungsgegenstand darf nicht (es sei denn in beiderseitigem Einverständnis) verändert werden	Wenn das Verhandlungsthema verändert, erweitert oder verengt wird, oder einen völlig neuen Akzent bekommt

Denn: Mit einseitiger Änderung des Verhandlungsthemas werden nahezu alle Vorbereitungen zunichte gemacht (unfaire Taktik)

Die Verhandlungszeit sollte ohne Unterbrechung und Verzögerungen eingehalten werden	Wenn Verhandlungen ohne zwingenden Grund verzögert oder künstlich verlängert werden, ist das unfair

Denn: Auch die Zeit wird vorgeplant. Zum anderen lassen mit der Dauer Konzentration und Vitalität nach

---

Wenn einmal Zusagen (Versprechungen) gemacht worden sind, so sind sie auch einzuhalten	Wenn einmal gegebene Versprechungen im Laufe der Verhandlung zurückgenommen werden

Denn: Wie sollte man einen Fortschritt erzielen, wenn sich niemand auf das bis dahin Erreichte verlassen kann?

Der zu Beginn einzuschlagende sachliche Ton ist während der ganzen Verhandlung beizubehalten	Wenn der Verhandlungsgegner Sachlichkeit durch Lautstärke ersetzt

Denn: Schon im Volksmund folgert man richtig: Wer schreit, hat Unrecht! Lautstärke ist meist ein Zeichen der Unsicherheit

---

Daß die Verhaltensweise des anderen voll respektiert wird, gehört auch zu den berechtigten Erwartungen	Wenn seine Verhaltensweise (vielleicht sogar in unsachlicher Form) in der Verhandlung kritisiert wird

Denn: Man verhandelt über ein Thema und nicht die Stellung der Beteiligten zu dem Thema, was sie als persönlichen Angriff betrachten würden

---

Ein nach Möglichkeit klares Ja oder Nein in den Äußerungen. Deutliche Stellungnahme, wo irgend möglich	Wenn jemand sich mit „vielleicht" oder „wollen-mal-sehen" um Stellungnahme drückt

Denn: Man will wissen, woran man ist und ob man vorwärts kommt, es gerät sonst die ganze Verhandlung ins Stocken

---

Vorteile für den Käufer oder Verhandlungspartner

Da es in Verhandlungen meist um irgendeine Art von Verkauf geht, kann man in Verhandlungspartnern auch Verkäufer und Käufer sehen. Handel meint im Ursprung Warenaustausch. Mitunter werden nur Waren, mitunter nur Gedanken verkauft, oft überschneidet sich beides. In Lohnverhandlungen will beispielsweise die eine Partei Lebensstandard einkaufen und mit Arbeitskraft bezahlen, die andere kauft Arbeitskraft ein und zahlt in Geld, welches letztlich der Erhöhung der Lebensqualität dienen soll. Wer ein Haus oder ein Auto kauft, erwirbt nicht nur einen materiellen Gegenstand, sondern auch Ansehen, Bequemlichkeit, Selbstbewußtsein und noch manches andere.

Halten Sie sich vor Augen:

Ob ein Wahlredner Ideen ver- und Stimmen einkaufen will, über Grenzen verhandelt wird oder Geschäftsabschlüsse getätigt werden sollen, es geht um Ver- und Einkauf

Übersehen Sie nicht:

Wer etwas verkauft, möchte den höchsten, wer etwas kauft, den niedrigsten Preis erzielen

Also: Es gilt, dem Käufer klarzumachen, daß das, was er erhält, seinen Preis wert ist

---

Es ist immer günstig, mit des Partners Wünschen zu operieren, mit seinen Augen zu sehen

Wer allein die eigenen Vorteile im Auge hat, kann dieser verlustig gehen

Also: Den Verhandlungspartner davon überzeugen, daß er den größten Nutzen zieht, ist die beste Art, seine Absichten zu verwirklichen

---

Hohen Gewinn vermag davonzutragen, wer auf Gefühle und Gemüt seines Verhandlungspartners einzugehen versteht

Wer Empfindungen seines Verhandlungspartners mißachtet, schlägt Türen zu, die anderen offenstehen

Also: Versetzen Sie sich in die Empfindungswelt Ihres Partners und Sie werden ihn „Ihren" Wünschen gegenüber öffnen

---

Es ist wichtig, von den Vorteilen, die man zu bieten hat, fest überzeugt zu sein

Niemand kann gegen sein besseres Wissen anderen Vorteile nur vorgaukeln

Also: Verschaffen Sie sich fundierte Kenntnisse darüber, welche Vorteile der Käufer gewinnen kann

---

Vorteile dem Partner bewußt zu machen, heißt Antriebe in Gang setzen

Ohne Erwartung eines angemessenen Gewinnes, fehlt dem Partner das Kaufmotiv

Also: Berücksichtigen Sie die Wünsche und Neigungen dessen, mit dem Sie zu einem Abschluß kommen wollen

---

Die beste Vorbereitung betreibt der, der sich voll in seinen Partner hineinzudenken versteht

Wer sich in Partner nicht hineindenken kann, findet kaum den Schlüssel, der ihm ihn sich öffnet

Also: Immer wieder fragen: Was würde ich tun, wenn ich anstelle des anderen wäre

---

Motive des Käufers sind Helfer für die Absichten des Verkäufers

Niemand schließt etwas ab, ohne ein vernünftiges Motiv für den Abschluß zu haben

Also. Verschaffen Sie sich möglichst umfassende Kenntnisse über Kaufmotive

---

Es bringt Sie in Verhandlungen voran, wenn Sie das Problem des Partners zu dem Ihrigen machen

Das Wort: „Das ist nicht mein Problem!" baut eine Barriere zwischen Gesprächspartnern auf

Also: Versuchen Sie, möglichst tief in die Problematik des Gegenübers einzudringen

---

Operieren Sie viel mit dem Wörtchen „SIE", um den Standpunkt des Gegenübers herauszustellen

Setzen Sie nicht zu stark das Wörtchen „ICH" ein, es drängt den Partner zu sehr zurück

Also: Auch in den Formulierungen ausdrücken, daß man die Wünsche des anderen erkannt hat

---

Jeder hält sich selbst für einen besonders bedeutsamen Menschen

Je mehr man sich selbst hervortut, desto mehr unterdrückt man andere

Also: Sich selbst klug zurückhalten und den anderen in seinem Selbstbewußtsein stärken. Das braucht nicht in Liebesdienerei auszuarten

---

Jeder spricht heute von Motivation ...

... wir auch. Sehen wir davon ab, daß für manche Motivation nur der gefälligere Ausdruck für Manipulation ist. Der Mensch wird von seinen Motiven gesteuert, sie veranlassen ihn zu Handlungen und Unterlassungen. Früher sprach man von Trieben und Bedürfnissen und meinte damit etwa dasselbe, wie wir mit Motivation. Motivationsforschung ist zu einem recht umfangreichen Arbeitsgebiet geworden, welches – wie es fast scheinen will – den Psychologen zur intensiveren Betätigung vorbehalten bleibt.

Ein wenig über menschliche Motive sollte jedoch jeder Verhandelnde wissen. Kennt er die tieferen Beweggründe für das „So-sein" seiner Partner, dann wird er sich auch besser auf sie einzustellen wissen.

Sie sollten berücksichtigen:	**... und nicht übergehen:**
Mehr oder weniger strebt jeder nach materiellem Gewinn in Form von Einnahmen oder verminderten Ausgaben	Idealisten sind selten – die meisten Menschen hassen unnütze Ausgaben und geringes Einkommen

Gut wäre: Könnte der Partner aus Ihrem Angebot einen deutlichen materiellen Nutzen ziehen, seinen Besitz mehren

---

Materieller Gewinn besteht nicht nur in barer Münze. Auch Qualität und Lebensdauer werden mit berechnet	Billigkeit macht es nicht. Auch für geringes Geld kauft niemand gern Schund ein

Gut wäre: Läßt der Preis sich nicht mindern, durch Qualität oder Zuverlässigkeit und Lebensdauer das Angebot attraktiv machen

---

Zeit ist Geld – so heißt es. Angebote, die Zeitgewinn versprechen, könnten den Partner abschlußwillig machen	Der Vorteil eines Angebotes mindert sich, wenn die Sache Zeit kostet

Gut wäre: Wenn dem Gegenüber ein Gewinn an Zeit geboten werden kann

Der Geltungstrieb läßt sich auch über den Besitzdrang ansprechen. Hast Du was – bist Du was! sagt man

Wenn eine Forderung das Aufgeben von Besitz verlangt, so verletzt sie auch den Geltungstrieb

Gut wäre: Bei einem Angebot mit dem Wunsch nach Besitz auch jenen nach gehobenem Ansehen anzusprechen

---

Freiheit ist mehr als ein Schlagwort. Jeder fühlt sich angesprochen, wenn ihm mehr Freiheit verheißen wird

Angebote, die die Freiheit einschränken, haben wenig Anziehungskraft

Gut wäre: Wenn dem Verhandlungspartner ein Gewinn an persönlicher Freiheit in Aussicht gestellt werden kann

---

Mancher fühlt sich gehoben, wenn er an Wissen gewinnt, mit dem er dann wiederum sein Ansehen steigern kann

Unwissenheit mindert das Selbstbewußtsein. Der unwissend Gelassene fühlt sich ausgesperrt

Gut wäre: Die natürliche Neugier des anderen zu nutzen, denn das kann zu einem günstigen Verhandlungsergebnis beträchtlich beitragen

---

Man kann Wissensdrang auch als den Wunsch, seine Neugier zu befriedigen, bezeichnen. Alle Menschen sind von Natur aus neugierig

Neugier eines Partners muß nicht negativ gewertet werden. Man kann an ihr den anderen zu fassen bekommen

Gut wäre: Die natürliche Neugier des anderen zu nutzen, denn das kann zu einem günstigen Verhandlungsergebnis beträchtlich beitragen

---

Mancher kauft sich einen Mercedes, nur weil der Nachbar auch einen hat. Manch Nachbar schaut dem anderen ab, wie er seine Wohnung zu gestalten hat

Der Nachahmungstrieb ist nun einmal vorhanden und veranlaßt Menschen etwas zu tun, weil andere es tun (Mode)

Gut wäre: Den Nachahmungstrieb anzusprechen und darauf hinzuweisen, daß man sich nicht ausschließen könne, wenn alle ...

Viele möchten mehr sein als die, die um sie sind. Sie haben das Bedürfnis nach Überlegenheit

Alles, was Menschen anderen unterlegen macht, kann sie stark frustrieren. Niemand läßt sich gern ducken

Gut wäre: Etwas in seinem Angebot zu haben, das dem Partner zu dem Gefühl verhilft, anderen überlegen zu sein

---

Alles, was den sogenannten Trieb der Lebenserhaltung anspricht, wie der Wunsch nach Sättigung und nach Organbetätigung, vermag den Menschen stark zu beeinflussen

Es heißt zwar, daß ein voller Bauch nicht gern studiert – mit leerem Magen hingegen ist auch nicht allzuviel anzufangen

Gut wäre: In seine Überlegungen zum Thema Motivation einzubeziehen, daß Lebenserhaltung ein Urtrieb ist. Sogenannte Arbeitsessen tun das

---

Zur Lebenserhaltung gehört die Sicherheit, das Bedürfnis nach Schutz, die Überwindung der Angst

Tiere flüchten, wenn Gefahr droht, die sie nicht bekämpfen können. Der Mensch muß oft auf andere Weise mit Bedrohung fertig werden

Gut wäre: Das Schutz- oder Sicherheitsbedürfnis anzusprechen, dazu beizutragen, daß im Partner die Furcht abnimmt und das Sicherheitsgefühl wächst

---

Die Natur versah den Menschen auch mit Triebkräften, die sich auf die zwischenmenschliche Beziehungen richten, wie z.B. der Wunsch nach Geselligkeit und Freundschaft

Zu unfairen Verhandlungstaktiken gehört es, die negative Motivation zwischenmenschlicher Beziehungen, wie Haß und Freundschaft auszunützen

Gut wäre: Die positiven Kräfte zwischenmenschlicher Beziehungen anzusprechen und auf der Hut vor den negativen zu sein

---

Daß Triebe der Arterhaltung eine stark motivierende Rolle spielen, steht außer Frage und wird nicht erst durch die Geschäftstüchtigkeit von Sexboutiqueninhaber bewiesen

Da die Anschauungen über Sexualität zwischen harter Sittenstrenge und absoluter Freizügigkeit pendeln, ist es unmöglich, ein wertfreies Urteil zu ihr zu finden

Gut wäre: Sorgfältig zu erwägen, wie erlaubt oder erforderlich es ist, den Sexualtrieb anzusprechen. Es ist nicht immer die beste Art für einen Vertreter, sein Gespräch mit dem neuesten „Herrenwitz" zu beginnen

Angebote – Wünsche – Ziele
Was will er verkaufen – was will ich einkaufen?

Daß Triebe in uns wirken, wissen wir. Es ist auch leicht verständlich, daß Motive unsere Handlungen steuern. Es kommt nun darauf an, Wünsche und Forderungen aufeinander abzustimmen. Der Verkäufer bzw. der, der in Verhandlungen etwas anbietet, hat sich zu fragen, wie er verfährt. Der Käufer oder der, der sicht etwas „einhandeln" möchte, stellt sich die Frage: Was will ich dafür anlegen? Beiden ist die Frage nach dem „Wie-erreiche-ich-mein-Ziel" gleich wichtig. Jeder sucht seinen Vorteil, jeder will mit kleinem Einsatz möglichst hohen Gewinn davontragen.

Wir stellen Ihnen in ähnlicher Form wie zuvor hier unten gegenüber, welche Wege man beschreiten kann und welche besse mit „Durchgang verboten" zu kennzeichnen sind.

Man kann es versuchen:	**So lieber nicht:**
Die Forderungen am Anfang höher zu stellen als es den eigenen Endzielen entspricht	Utopische Forderungen (um nicht zu sagen unverschämte) unterlassen

Es ist einzusehen: Daß zu niedrige Forderungen keinen Verhandlungsspielraum lassen und zu hohe aber zu gleichermaßen abwegigen Gegenforderungen führen können

---

Sich die Möglichkeit offenhalten, die eigenen Ansprüche herabzusetzen	Zu niedrige Forderungen sind eine schlechte Startposition

Es ist einzusehen: Daß der, der zu wenig erwartet, noch weiter zurückgehen muß, wenn er auf einen cleveren Verhandlungspartner trifft

---

Sobald es geht, mit dem Wort „Sie" aus dem Standpunkt des Partners heraus argumentieren

Das Wörtchen „Ich" nach Möglichkeit vermeiden, die eigenen Wünsche nicht zu offensichtlich werden lassen

Es ist einzusehen: Daß nur selten das Gegenüber von besonderem Interesse ist. Hingegen sind es die eigenen Wünsche immer. Warum dann den Partner nicht bei seinen Wünschen packen?

Es ist ohnehin besser, mit möglichst wenig Worten auszukommen, also selbst nicht zu viel zu reden

Auf keinen Fall den Partner beschwätzen. Die meisten Verkäufer reden zu viel

Es ist einzusehen: Daß man bei zu vielem Reden zu wenig hören kann und nicht einmal bemerkt, daß man selbst kein Gehör mehr findet

Wenn irgend möglich, Fragen stellen (s. Kap. 6) und den anderen herauskommen lassen

Zu viele Worte machen die eigenen Absichten zu vordergründig

Es ist einzusehen: Daß man über gezielte Fragen schneller an die Wünsche des anderen herankommt, während zu viel Gerede den anderen eher verschließt

Aufmerksam darauf achten, wie weit das eigene Angebot den Wünschen des Verhandlungspartners entgegenkommt oder dessen Forderungen schon erfüllt

Ein Bombardieren des Verhandlungspartners mit Vorzügen des eigenen Angebots wird von diesem als aufdringlich empfunden

Es ist einzusehen: Daß niemand überredet werden möchte, daß aber die meisten gern bereit sind, sich ruhig überzeugen zu lassen

Besser zuhören lernen heißt, auf das achten, was der Partner mit Worten, Tonfall und Körpersprache sagt

Dem Partner nie ins Wort fallen oder aus seiner Rede Schlüsse ziehen, bevor er seine Ausführungen beendete

Es ist einzusehen: Daß man zu falschen Anschauungen kommt, wenn man vorschnell auf Worte eines Gegenübers reagiert

Ohne Vorurteile dem anderen gegenübertreten und sich seinen Ausführungen gegenüber aufgeschlossen zeigen

Wer mit vorgefaßten Meinungen über die Absichten des Gegenübers in die Verhandlung geht, blockiert sich selbst

Es ist einzusehen: Daß die durch Vorurteile aufgebauten Meinungen zu Handlungen führen können, die weder den eigenen Verhandlungszielen noch den Wünschen des anderen entsprechen

---

Den Partner zu bitten, seine Erwartungen in Worte zu fassen, kann zu guter Startposition für die Aussprache führen

Wer den Partner bittet, seine Wünsche zu nennen, muß gewärtig sein, daß ihm mit unrealistischen Forderungen aufgewartet wird

Es ist einzusehen: Daß bereits Formulierungen dazu angetan sind, realistische Ziele aufzuzeigen oder aber in Utopien zu geraten

---

Was hinsichtlich der partnerseitigen Absichten auch noch bedacht werden sollte

Verhandlungen sind erst in zweiter Linie Rede und Gegenrede. In erster Linie sind sie harte Denkarbeit, bei der die verschiedenen Möglichkeiten von Aktionen und Reaktionen erwogen werden müssen. Der Sprache und der Rhetorik bedienen sie sich mehr oder weniger nur als Werkzeuge. Richtig ist, daß man sich gute und gebrauchsfähige Werkzeuge zulegen und bereithalten muß, das Wichtigere hingegen ist der Gebrauch oder Einsatz, die Führung der Werkzeuge. Je vielseitiger die Gedanken in den Vorbereitungen gerichtet sind und je mehr sinnvolle Verknüpfungen zum Verhandlungsziel vorgenommen werden, desto besser der Verhandlungserfolg. Es ist deshalb nicht verwunderlich, daß eine einseitig betriebene Rhetorikschulung oftmals nicht zum Erfolg führt, wenn es darum geht, Menschen im eigenen Sinne zu beeinflussen. Dabei soll durchaus nicht übersehen werden, daß Sprech- und Sprachschulung unentbehrlich sind, nur eben nicht allein oder gar als Ersatz für Denkarbeit.

Berücksichtigen Sie:

Jeder hat sicherlich auch einige Rosinen im Kuchen. Haben Sie besondere Vorteile zu bieten, verteilen Sie sie im Angebot

Seien Sie mißtrauisch:

Wenn Ihnen jemand nur die Rosinen aus dem Kuchen herauspickt, kann's sein, daß Ihnen der Rest verdirbt

Deshalb: Ihre größten Vorteile so in das Gesamtziel verpacken, daß sie nicht verlorengehen. Sonderangebote im Discountladen werden auch so plaziert, daß die andere Ware mitgeht

Zeit kann zum Problem oder Verhandlungsgegenstand werden. Oft sind Terminwünsche wichtiger als das Preisangebot

Wenn Termine oder gegebene Terminzusagen nicht eingehalten werden, mindert das den Wert des ganzen Angebotes

Deshalb: Gewöhnen Sie sich an strengste Einhaltung von Terminen und bauen Sie sich damit ein Vertrauen auf. Ihre Forderungen werden größer sein dürfen

---

Machtbeschränkung kann zu einem Positivum in schwierigen Verhandlungen werden. Wer keine Kompetenzen hat, kann sich in schwierigen Situationen zurückziehen

Wenn der Verhandlungspartner wenig Kompetenz hat, kann die Verhandlung für den anderen zum Problem werden

Deshalb: Rechnen Sie damit, daß ein Verhandelnder sich hinter Chef, Firma, Teilhaber verschanzt, wenn er nicht abschließen will – halten Sie sich diese Hintertür in schwierigen Situationen selbst offen

---

Es kann Ihren Wünschen und Verhandlungsabsichten dienlicher sein, Teilvorteile aufzugeben, wenn darüber das große Ziel erreicht wird

Wenn jemand zu schnell Zugeständnisse kleinerer Art macht, kann es sein, daß er nur auf den großen Coup wartet

Deshalb: Aufmerksam abwägen, ob ein augenblicklicher Vorteil nicht den Gesamterfolg gefährdet oder beträchtlich mindert

---

Ausschlaggebend ist, was Sie im Endeffekt zu bezahlen haben. Extras, Zugaben, Besonderheiten müssen kalkuliert sein

Wenn ein Preis günstig erscheint, könnte es sein, daß durch eine Reihe von Aufschlägen das Angebot wieder beträchtlich verliert

Deshalb: Wie der niedrigste Autopreis Augenwischerei ist, wenn man jedes Zubehör extra bezahlen muß, so ist es auch bei anderen Niedrigangeboten. Augen auf!

Mit einem Pfand in der Hand läßt sich die Position stärken. So machen z.B. Versicherungsvertreter gelegentlich „kostenlose" Rentenberechnungen

Wenn einer eine kostenlose Leistung erbringen will, hat er ein Geschäft im Sinne, das ihm seinen Aufwand wieder einbringt

Deshalb: Sehr aufmerksam darauf achten, weshalb jemand etwas umsonst machen will und sich gegen nachträgliche Forderungen absichern

---

In der Position des Käufers daran denken, daß das Angebot des anderen zunächst seine Maximalforderung ausdrückt

Nicht sofort einschlagen, wenn ein Anbietender (mit scheinbar einmaliger Gelegenheit) auf zu schnellen Abschluß drängt

Deshalb: In Ruhe verhandeln und nach Nachlässen fragen. Preisnachlässe werden so erreicht, daß man den Anbietenden auffordert, alle Vorteile seines Angebotes genau zu begründen

---

Ruhe und Gelassenheit sind oft auch die beste Basis für die nahezu unerläßliche heitere Grundhaltung

Wenn jemand hastig und mit betontem Ernst seine Ausführungen unterstreicht, könnte es sein, daß es an Sicherheit fehlt

Deshalb: Streben Sie eine ausgeglichene Haltung an. Lassen Sie Hast und Unruhe an sich abprallen. Es gibt Verhandlungskünstler, die durch Unruhe und Verbissenheit den anderen aus dem Konzept bringen wollen

---

Bitte halten Sie aus diesem Kapitel besonders fest:

- Befleißigen Sie sich von Anfang an eines sachlichen, ruhigen Tones.
- Operieren Sie in Ihrer Argumentation mit den Wünschen derer, mit denen Sie verhandeln.
- Wie immer die Verhandlung verläuft, respektieren Sie die Verhandlungspartner.
- Gehen Sie auf Empfindungen und Gefühle Ihrer Verhandlungspartner ein.
- Versuchen Sie, sich Kenntnisse über die Motive der Denk- und Handlungsweise Ihrer Partner zu verschaffen.
- Durchdenken Sie die Probleme des Verhandlungsgegners (den wir hier lieber -partner nennen).
- Benutzen Sie vor allem das Wörtchen „SIE".
- Denken Sie besonders an den in allen Menschen stark betonten Geltungstrieb.
- Bedenken Sie auch die Triebkräfte zwischenmenschlicher Beziehungen.
- Reden Sie weniger – hören Sie mehr zu.

3. KAPITEL

Allgemeines Auftreten

Hauptregel

Je gründlicher die Menschenkenntnis sowie Kenntnisse der rhetorischen und köpersprachlichen Mittel sind, desto besser ist die Verhaltensweise von Verhandlungspartnern zu verstehen und die eigene im Sinne eines erfolgreichen Abschlusses einzustellen.

In meinen verschiedenen Kursen aus dem Themenfeld Methodik geistiger Arbeit zeigt sich immer wieder, daß Betrachtungsfehler weit verbreitet sind. Menschen kommen in Rhetorik-Seminare, in die sogenannten Schnellesekurse und zum Gedächtnis- und Konzentrationstraining in der Meinung, einige Spezialrezepte zu erhalten, mit denen sie dann alle Probleme lösen können. Richtig ist vielmehr, daß zunächst die Grundlagen geschaffen werden müssen, bevor man in Einzelheiten gehen kann. Von solider Kenntnis vorauszusetzender Grundlagen hängt die Befähigung, spezielle Aufgaben zu lösen, weit mehr ab, als von tiefergehenden, aber isoliert stehenden Einzelkenntnissen. Letzteres ist gleichsam, als wollte ein Maler eines Portraits zunächst ein Auge bis zur Vollendung ausmalen, bevor er überhaupt Kopfhaltung, Umrisse, Proportionen festgelegt hat. Aus den Erfahrungen der Praxis heraus, werden wir uns noch etwas mehr mit den Grundlagen befassen, bevor wir zu Einzelheiten übergehen. Für den Mehrwissenden, den alten Hasen, sind gewiß Betrachtungspunkte dabei, die ihm nahezu selbstverständlich erscheinen. Immer wieder stellt man aber fest, daß gerade bei den Selbstverständlichkeiten besonders viele Fehler gemacht werden. Es sieht gerade so aus, als ob der Mathematikprofessor es verlernt hat, Grundrechnungsarten im Kopf durchzuführen.

Zu solchen Grundlagen gehört es z.B., daß man als Verhandelnder auch in nervenanspannenden Situationen die Ruhe bewahren sollte. Wer die Ruhe verliert, verliert die Übersicht, sieht mit einem Male nur noch den Gegenstand eines Ärgernisses. Das ist zwar dann eine hervorragende Konzentration, nur leider eine, die in völlig falsche Richtung läuft. Ganz ähnlich ist es mit Vorurteilen. Es gehört zwar fast zu den Binsenweisheiten, daß man ohne solche in Verhandlungen gehen müsse. Aber schauen Sie sich draußen um – und Sie werden mir Recht geben: Es sieht geradezu so aus, als ob mit der Menge von Spezialkenntnissen die Zahl der Vorurteile wächst. An einem Vorurteil festzuhalten, ist aber oft geradezu ein Zeichen dafür, daß man keine Konzessionen zu machen gedenkt. Ist es so, dann ist die ganze Verhandlung von vornherein ziemlich unsinnig, dienen doch Verhandlungen dem Ausgleich gegenseitiger Meinungen und Forderungen. Vorurteile führen auch dazu, daß man nicht mehr korrekt beobachtet. Man versucht, jeden Eindruck sofort im Sinne des Vorurteils auszulegen. Das gilt sowohl für das, was ein anderer sagt, als auch für die Äußerungen der Körpersprache, d.h. jene eindeutigen Aussagen, die man von anderen noch ablesen kann, wenn sie uns mit Worten allerlei zu verschweigen versuchen.

Die sorgfältige Beobachtung der körpersprachlichen Ausdrücke ist schon wieder eine von den Grundforderungen an jeden Verhandelnden. Besonders in langdauernden Aussprachen, wenn man nicht vorankommt, wenn man nur noch um die Dinge herumredet, kann von Mimik, Gestik, Körperhaltung und -bewegung sehr viel abgelesen werden. Man erkennt daran schon die verschiedenen Arten von Käufern und Verkäufertypen und vermag sich einzustellen. So sind zum Beispiel nicht alle netten Burschen wirklich nett, wie auch der harte oder „böse" Verhandlungspartner kein schlechter Mensch sein muß. Viel wird geschauspielert, viel ist einfach Taktik (die Sie schließlich auch mal einsetzen könnten). Hat man die rechte Einsicht – in der doppelten Bedeutung dieses Wortes – so ist es auch leichter, das eigene Verhalten auf den anderen einzustellen. Aus all dem leitet sich ab, daß es weiterhin zu den Grundanforderungen gehört, ganz allgemein aufmerksamer zu beobachten. Es gibt auch eine Beobachtungsschulung; in meinen Gedächtniskursen nimmt sie einen gewichtigen Teil ein.

Taktiken zu erkennen und auf sie einzugehen, ist eine weitere Grundlage besseren Verhandelns. Sie hängt eng mit den bisher genannten Punkten zusammen. Wer es nicht kann, wird oft Mühen aufwenden, um in Verhandlungen nicht zu unterliegen. Es sind unnötige Mühen, denn durch entsprechende Vorkenntnis und Vorbereitung werden sie gemindert, wenn nicht gar völlig beseitigt.

Wir wollen uns in diesem Kapitel, ergänzend zu den vorangegangenen, zu denen es hier und da Überschneidungen gibt, mit dem allgemeinen Auftreten des Verhandelnden befassen. Bei dieser Gelegenheit geben wir unseren Lesern den Rat, das hier Besprochene möglichst unmittelbar in die Praxis zu übersetzen. Also nicht gewißermaßen erst das ganze Buch lesen, nahezu auswendiglernen wollen (das klappt sowieso nicht) und dann mit den empfangenen Hinweisen zu arbeiten, sondern immer sofort, d.h. sobald sich die nächste Gelegenheit ergibt, das bisher Besprochene zu erproben.

Dabei braucht man sich nicht streng an den Begriff Verhandlungen zu halten. Jede Situation, in der man mit anderen Gedanken austauscht, kann ja schon eine kleine Verhandlung sein. Bei vielen Gelegenheiten gelten die gleichen Punkte wie hier besprochen oder ist es doch leicht, sie in abgewandelter Form anzupassen. Nehmen Sie als Beispiel Telefonate. Abgesehen davon, daß es regelrechte Telefonverhandlungen gibt und ebenso abgesehen von jenem anderen, daß man den Partner nicht sieht, ist manches zu beachten, was im Gespräch Auge in Auge von Bedeutung ist. Es sei nur an die Ruhe und an die Vorurteilslosigkeit erinnert.

Die Ruhe bewahren – wenn es auch schwerfällt

Wilhelm von Humboldt hat es wunderbar gesagt: „Die Ruhe ist die natürliche Stimmung eines wohlgeregelten, mit sich einigen Herzens!". Vielleicht will nicht jeder gleich so hoch greifen, daß aber aus der inneren Ruhe eine Festigkeit zu gewinnen ist, steht außer Zweifel. Festigkeit in seiner Haltung benötigt der, der sich in Verhandlungen durchsetzen will gewiß. Von einem hohen Herrn geht die Anekdote, daß er sich mit einem Gleichgestellten im Disput befand und sich an einen Dritten, in der Nähe Stehenden, mit der Frage wandte: „Wer hat nun Recht in dieser Sache?" Die Antwort lautete: „Sie haben Unrecht, denn Sie schreien!"

Überprüfen Sie Ihr Verhalten wieder an unseren Gegenüberstellungen.

Anzustreben:	**Abzulegen:**
Eine ruhige, sachliche Sprechweise, erreicht durch langsames Sprechen und bewußte Pausen zwischen den Sätzen bzw. Gedanken	Hastiges und nervöses Sprechen, hervorgerufen durch pausenloses Sprechen in zu hohem Sprechtempo

Es wirkt: Auch auf den anderen beruhigend, das ganze Verhandlungsklima wird positiv beeinflußt

---

Eine Lautstärke des Sprechens, die der Raumgröße und dem Abstand zu den Verhandlungspartner angemessen ist	Zu lautes Sprechen, mit der Stimme zu dröhnen, Argumentation durch Lautstärke ersetzen zu wollen

Es wirkt: Lautstärke wiederum auf Lautstärke. Schreien aber ist schon der halbe (wenn nicht der ganze) Streit

---

Sachlichkeit in den Ausführungen ist besonders dann wichtig, wenn ein Gegenüber unsachlich wird, Emotionen den Verstand überspülen

Auf keinen Fall unsachlich werden, wenn ein anderer die Ruhe verliert. Vielleicht will er Sie nur auf die Probe stellen

Es wirkt: Auch auf den Aufbrausenden beruhigend, wenn der Verhandlungspartner ruhig und gelassen bleibt

---

Eine gleichmäßige Atmung, die alle Atemmuskeln betätigt und Sauerstoff zu den erregten Zellen bringt

Heftiges, kurzes Atmen (Schnaufen). Damit kann man Unruhe sogar bewußt herbeiführen

Es wirkt: Eine langsame, ruhige Vollatmung auf den gesamten Organismus und auf das Gemüt stark beruhigend

---

Die Sicht für das ganze Problem, welches zur Verhandlung steht, muß ständig beibehalten werden

Sich nicht immer wieder festbeißen an einem Punkt, der vielleicht im Moment erregend ist, aber vom Gesamtthema ablenkt

Es wirkt: Erregung wie ein Richtstrahl, der sich nurmehr auf einen einzigen Punkt richtet. Sie sollten das ganze Feld ausleuchten

---

Je erregter ein anderer wird, um so kühler selbst bleiben; das ist nicht immer leicht, aber nie unmöglich

Sich nicht von jeder Erregung eines Verhandlungspartners in den Strudel der Aufgeregtheit ziehen lassen

Es wirkt: Als Gegenmittel gegen Ausbrüche des Ärgers und der Erregung, wenn man selbst dabei kühl bleibt

---

Die generelle Gelassenheit gilt auch als Antistreßmittel. Sehen Sie in jeder Verhandlung eine Trainingsmöglichkeit dafür

Wer aufbraust, kommt in Streß. Es sind meist nicht die Dinge, die verärgern, sondern der Ärger, den wir selbst aufbauen

Es wirkt: Gelassenheit auf den eigenen Organismus und auf das Verhalten der Partner und beugt Körperschäden vor

---

Dinge ins Gespräch bringen, in denen man sich einig ist oder von denen man solche Wirkung erwarten kann

In Phasen der Erregung möglichst vermeiden, Punkte ins Gespräch zu bringen, die neuen Sprengstoff enthalten

Es wirkt: Daraufhin, daß sich die Wogen glätten, wenn Gedanken in das Gespräch gebracht werden, über die man sich einig ist oder schnell einigen kann

---

Dem Partner zu erkennen geben, daß man ihn und seinen Standpunkt versteht . . . daß er aber auch den unseren bedenken möge

Nicht zu hart den eigenen Standpunkt in den Vordergrund rücken oder gar als den allein möglichen herauskehren

Es wirkt: Beruhigend auf alle, wenn man sich wieder darüber klar wird, daß man sich gegenseitig achtet und anerkennt

---

In seinen ganzen Körperbewegungen betont langsamer = ruhiger werden. Augenkontakt mit freundlichem Blick suchen

Hastige und nervöse Körperbewegungen vermeiden. Nicht am Partner vorbeisehen

Es wirkt: Augenkontakt auf die Verbundenheit und ruhiges Bewegen auf die Erregung positiv ein

---

Wichtige Verhaltensweisen beim Auftreten in Verhandlungen

Für den Verhandlungsteilnehmer, der ohne Vorüberlegungen und Vorbereitungen an die Arbeit geht, wirken Verhaltensweisen, die andere an den Tag legen, bereits als Taktiken. Wenn es Ihnen leichter fällt, über eine solche Anschauung zum richtigen Auftreten in Auseinandersetzungen und Verhandlungen zu kommen, können Sie es auch so betrachten. Wir unterscheiden es so, daß wir das Verhalten den Gewohnheiten der Persönlichkeit hinzurechnen, die später noch zu besprechenden Taktiken hingegen der augenblicklichen, gezielten Willensäußerung. Legen Sie sich zunächst die positiven Verhandlungsgewohnheiten zu, von denen schon gesagt wurde, daß sie sich auch in anderen Feldern auszahlen und erarbeiten Sie danach Taktiken, die dann von Fall zu Fall je nach Situation und Bedarf einzusetzen sind.

Richtig:	**Falsch:**
Das Bemühen um Kürze, Sachlichkeit und präzise Ausdrucksweise kennzeichnet Verhandelnde, die wissen, was sie wollen	Langes Herumreden, unsachliches Argumentieren, Unklarheit kennzeichnen den Unsicheren, sind bestenfalls unfaire Taktiken

Daraus folgt: Daß es zu den Grundeigenschaften gehört, sich knapp und genau auszudrücken und dabei Mißdeutungen auszuschließen

---

Schon Goethe wußte, daß sich in der Beschränkung der Meister zeigt. Das gilt auch für Meister der Verhandlung	Wer vieles bringt, wird manchem etwas bringen ... aber vielleicht ist mancher gar nicht dabei

Daraus folgt: Daß man sich kein zu großes Programm machen, sich nicht zu viel auf einmal vornehmen sollte. Die Konzentration splittert sich sonst auf

---

So wertvoll Humor, so abträglich der flache Witz. Es ist notwendig, in seinen Ausführungen seriös zu sein

Mit seichten Späßen kann niemand über Unwissenheit oder unbotmäßige Forderungen hinwegtäuschen

Daraus folgt: Daß es einer gewissen Würde bedarf, mit der man, ohne tierisch ernst zu sein, seine Argumente vorzutragen hat

---

Es wird so viel von dem berühmten roten Faden gesprochen. Er sollte auch in den Ausführungen der Verhandelnden zu verfolgen sein

Konfusität ist mitunter Taktik (unfaire). In guten Verhandlungen wird man es nicht zu ihr kommen lassen

Daraus folgt: Tagesordnung und eigene Argumentation sollten streng auf Folgerichtigkeit ausgerichtet sein

---

Bei gefestigter Eigenmeinung muß doch jeder Partner so aufgeschlossen sein, gegensätzliche Standpunkte abzuwägen

Vorschnelle Urteile beeinflussen das Verhandlungsklima negativ und führen häufig zu Stockungen

Daraus folgt: Man muß sich in Ruhe die Statements der anderen anhören und dann zu den eigenen sorgfältig abwägen

---

Positive Formulierungen tragen zur Lockerheit bei, besonders, wenn man widersprechen muß

Negative Aussageweise, besonders, wenn unterschiedliche Meinungen herrschen, blockiert die Verhandlung

Daraus folgt: Sag's positiv! Nicht: „Das ist völlig falsch!" Sondern: „Könnte es nicht auch so richtig sein?"

Türen offenhalten! Was immer das Verhandlungsgegenüber vorbringt, überlegen, wie sich das mit den eigenen Absichten in Einklang bringen läßt

Nicht die Türen zuknallen, d.h. auch sich nicht völlig verschließen, sondern nach neuen Gemeinsamkeiten suchen

Daraus folgt: So lange man nach einer Einigung sucht, kann sie auch erreicht werden. Deshalb darf das Bemühen nie vorzeitig aufgegeben werden

---

Einige starke Argumente, Beweise für die Richtigkeit der eigenen Ausführungen im Hintergrund behalten

Nicht zu schnell das Pulver verschießen. Wer sofort alle guten Argumente bringt, hat nichts mehr für später erscheinende des Gegners

Daraus folgt: Daß man seine Beweisführung sorgfältig aufbauen muß und seine guten Gründe nach und nach durch immer stärkere Argumente auf einen Höhepunkt zuführt

---

Sicherheit läßt sich sehr wohl mit Zurückhaltung und Bescheidenheit vereinbaren

Überheblichkeit ist bei weitem kein Anzeichen für Sicherheit im Inneren

Daraus folgt: Kein anmaßendes Auftreten, um die eigene Sicherheit hervorzukehren. Diese kann sich in Ruhe und Beständigkeit weitaus besser ausdrükken

---

Gleich der Ruhe ist auch die Höflichkeit ein Zeichen des Überlegeneren. Höflichkeit ist beileibe keine Schwäche

Unhöflichkeit ist kein Hinweis auf Stärke, bestensfalls darauf, daß man als stark gelten möchte

Daraus folgt: So wie es der Menschenwürde entspricht, sollte Höflichkeit in allen Worten eines Verhandelnden anklingen

---

Von der rechten Sprechweise

Verhandlungspartner sind keine Volksredner, keine Propagandisten, keine Deklamatoren (oder sollten es doch nicht sein). Dennoch bleibt es nicht aus, sich mit einigen Grundlagen der Sprechtechnik vertraut zu machen. Wie weit Rhetorik später einzusetzen ist, werden die Situation und der jeweilige Fall zu bestimmen haben. Im Grunde genommen gibt es nur graduelle Unterschiede zwischen dem Sprechen und dem Reden. Wie es schlechte Redner gibt, gibt es schlechte Sprecher. Wer in der gehobenen Rede, vielleicht vor großem Publikum, die Mittel der Redetechnik richtig einzusetzen weiß, wird auch im Wechselgespräch das rechte Maß finden.

Das ist zu entwickeln:	**Das ist zu beseitigen:**
Eine kräftige, klare Stimme, die durch gute Atmung ihre Resonanz im Brustkorb findet	Leises, unverständliches Sprechen, Nuscheln, Sprechen durch die zusammengebissenen Zähne

Sie gewinnen: Zum einen ein Ansehen an Persönlichkeit, zum anderen versteht man zunächst einmal die Worte, die Sie sagen

Ein langsames Sprechtempo, das um etwas unter 100 Wörtern in der Minute liegt	Zu schnelles Dahinplappern. Mit 130 Wörtern in der Minute fängt es allmählich an, unverständlich zu werden

Sie gewinnen: Innere Ruhe, Zeit zum Nachdenken und lassen auch den anderen zum Denken kommen

Klare Artikulation, die jedes Wort deutlich hören läßt und Unklarheiten von vornherein vermeidet	Nachlässiges Schwätzen, bei dem die Wörter ineinander übergezogen und die Endungen verschluckt werden

Sie gewinnen: Daß das, was Sie sagen, beim Hörer ohne Fehler ankommt

Ein guter Augenkontakt, d.h. ein In-die-Augen-Fassen des Gesprächspartners	Der Blick darf nicht vom Gesprächspartner abgelenkt, auf belanglose Dinge oder verloren in die Ferne gerichtet werden

Sie gewinnen: Die Aufmerksamkeit des anderen, er kann es sich dann auch nicht erlauben, seinen Blick wegzunehmen und wird Ihre Worte besser aufnehmen

---

Auch die Gesichtszüge sollten mitsprechen. Eine lebendige Mimik kennzeichnet den guten Redner (Sprecher)	Mit versteinertem Gesicht dazusitzen mag beim Pokern gut sein, bei Verhandlungen verschleppt es den Verlauf

Sie gewinnen: Das Ansehen, von dem, was Sie sagen, stark überzeugt zu sein, sich mit Ihren Ausführungen zu identifizieren

---

Eine ruhige, doch deutlich zeichengebende Gestik gehört ebenfalls in den Bereich der Sprechschulung	Versteckte oder verkrampft gehaltene Hände zeigen dem Gesprächspartner Ihre Angst und Unsicherheit

Sie gewinnen: Das Ansehen, eine begeisterungsfähige und selbstsichere Persönlichkeit zu sein

---

Mit Denkpausen sprechen, die es Ihnen selbst, aber auch dem Hörer erlauben, sich über die Ausführungen Gedanken zu machen	Pausenloses Sprechen führt nicht nur zu fehlender Atemluft, es verhindert auch, Gedanken richtig zu formulieren bzw. aufzunehmen

Sie gewinnen: Selbst Ruhe und beim Hörer die Zeit, die er braucht, um Ihren Ausführungen zu folgen

---

Mehr als Seitenblicke auf die Körpersprache

Jeder kennt Menschen, die viel reden und dabei nur wenig sagen. Es gibt auch noch jene Fälle, in denen mit Worten mancherlei verschwiegen wird. Sie trifft man in Verhandlungen besonders häufig an. Da soll dann etwa ein Redeschwall über gewisse Mängel eines Angebotes hinwegtäuschen, oder es wird über einen nebensächlichen Punkt gesprochen, damit man nicht zu früh auf das Hauptproblem mit seinen Schwierigkeiten kommt. Hier kann oftmals die Kenntnis der Körpersprache helfen, die Absichten des anderen aufzudecken und sein Verhalten auf die wahre Meinung einzustellen. Man braucht kein Psychologe, Verhaltensforscher oder „Kinetiker" zu sein, um wesentliche körpersprachliche Ausdrücke richtig deuten zu können. (Das Thema Körpersprache wird vom Verfasser ausführlich behandelt in: Sprechen ohne Worte / Mimik, Gestik, Körperhaltung. Erschienen im: Verlag moderne Industrie, München).

Es kann andeuten:	**Nicht verwechseln:**
Jemand spricht hinter der vor den Mund gehaltenen Hand, als versuche er, seine Worte zurückzuhalten: Er ist sich seiner nicht sicher	Eine ähnliche Geste verschließt den Mund, wenn man einem anderen aufmerksam zuhört und gewissermaßen sich selbst am Reden hindert

Darum: Aufmerksam beobachten und aus übrigem Verhalten und den Worten auf die Absicht schließen

---

Jemand reibt seine Nase mit lang anliegendem Zeigefinger oder zwischen Daumen und zweitem Glied des Zeigefingers	Mit ganz ähnlicher Geste versucht manch einer gelegentlich, sich am Niesen zu hindern

Darum: Keine vorschnellen Urteile (gilt für jegliche körpersprachliche Äußerung), sondern weiteres, genaues Aufmerken

---

Ein vorgebeugter, dem Gesprächspartner zugeneigter Oberkörper läßt auf Aufmerksamkeit und Interesse schließen

Es kann aber auch gewissermaßen die Angriffshaltung sein, das Lauern auf die Blöße, um selbst vorstoßen zu können

Darum: Seien Sie selbst sehr wachsam und aktionsbereit, wenn Sie eine solche Haltung sehen

---

Der zurückgenommene Oberkörper deutet Entfernung an, die man vom Gesprächspartner gewinnen will, oder die man vom Thema nimmt (Desinteresse)

Ebenso kann es eine Entspannungshaltung sein, ein Luftholen, ein Pause-machen-Wollen

Darum: Steigern Sie Ihre Aktivität (wenn Sie nicht gleichfalls Pause machen wollen), bringen Sie etwas für den anderen Interessantes

---

Verschränkte Arme deuten sehr oft Skepsis gegenüber den Ausführungen des Sprechenden an

Mancher zeigt mit verschränkten Armen, daß er sich in sich selbst zurückzieht (Schutzhaltung)

Darum: Sofort überlegen, was in den eigenen Ausführungen den Hörer zu dieser „Haltung" gebracht haben könnte

---

Nervöse Fingerbewegungen oder Spielen mit Gegenständen (Bleistift): Man ist ungeduldig, möchte zu einem Abschluß kommen

Auch diese Gesten können ein allgemeines Desinteresse signalisieren (man war von Anfang an nicht bei der Sache)

Darum: Selbst dazu beitragen, daß die Aussprache zum Abschluß kommt oder die Sitzung vertagen

---

Wird nach längeren Ausführungen der Kopf kurz, fast ruckartig zurückgenommen, so gilt das als Heischen nach Zustimmung

Die gleiche Kopfbewegung kann ein Erschrecken andeuten oder Entrüstung zum Ausdruck bringen

Darum: Achten Sie auf die anderen Zeichen der Sprache und Körpersprache, um zur richtigen Deutung zu kommen

---

Ruckartige Bewegungen (auch der Hand) können andeuten, daß man selbst etwas sagen, den Sprechenden unterbrechen möchte

Ebenso kann eine allgemeine Nervosität oder Zerstreutheit solche Bewegungen erkennbar werden lassen

Darum: Bei solchen Zeichen den anderen beruhigen und Gelegenheit zu eigenen Ausführungen geben

---

Man pflegt heute den Augenkontakt. Der niedergeschlagene Blick deutet deshalb häufig Desinteresse an

Es haben aber auch manche, die sich stark konzentrieren wollen, an sich, den Blick niederzuschlagen

Darum: Keine vorschnellen Schlüsse, sondern aufmerksam auf das hören, was man erwidert: Klingt es interessiert oder drückt es Langeweile an Ihren Ausführungen aus?

Weit geöffnete Augen drücken im allgemeinen Erstaunen aus

Mancher reißt die Augen auf, um Aufmerksamkeit vorzutäuschen

Darum: Lassen Sie sich nicht täuschen – außerdem ist Erstaunen oftmals Mißbilligung

---

Zu intensives, ununterbrochenes Ansehen wirkt aufreizend, provozierend. Vielleicht will jemand so Ihre Standfestigkeit prüfen

Zu langes Schauen kann auch Begehrlichkeit ausdrücken, man hat sein Auge auf etwas geworfen, das man zu besitzen wünscht

Darum: Besonders aufpassen und hinter die Absichten des anderen zu gelangen suchen, wenn man Sie zu intensiv fixiert

---

Senkrechte Stirn-Falten sind meist ein Zeichen erhöhter Konzentration

Sie können aber auch ein Zeichen vorhandenen oder aufkommenden Ärgers sein

Darum: Bei diesem Zeichen besonders sachlich und beweiskräftig argumentieren

---

Griffe an die Ohrläppchen oder in die Haare sind sehr äußere Zeichen einer inneren Unsicherheit

Mancher führt die Hand zum Kopf, besonders zu den Haaren, aus purer Eitelkeit

Darum: Legen Sie solchen Gesten nicht zu großes Gewicht bei; wenn sie häufig erscheinen, sind sie oft nur eine Angewohnheit

---

Gesten, die rasch wechseln, zeigen, daß man es mit einem sehr vitalen Partner zu tun hat, besonders, wenn solche Gesten präzise und deutlich sind

Auch Übernervöse lassen eine große Zahl von Bewegungen sehen, doch sind diese unkontrolliert und verschwommen

Darum: Werten Sie niemals ein körpersprachliches Zeichen für sich allein. Erst im Zusammenhang mit anderen Bewegungen und den gesprochenen Worten erhalten sie ihre speziellen Bedeutungen

---

Käufer-, Verkäufer- und Verhandlertypen

Meines Wissens gibt es noch keine Lehre von den Typen der Verhandelnden. Wir wollen auch keine solche hier aufstellen. Dennoch ist es ganz gut, sich ein paar Besonderheiten genauer anzusehen und sein Wissen in der Verhandlungspraxis einzusetzen. Dabei kann man nicht einmal sicher sein, ob solche Besonderheiten, Typisierungen von Menschen, die in Verhandlungen auftreten, nicht nur gespielt sind, sozusagen als Taktik eingesetzt werden. Ein wenig Menschenkenntnis führt vielleicht auch in Verhandlungen zu jener Form positiver Menschenbehandlung, ohne die ein Zustandekommen positiver Abschlüsse kaum möglich ist.

Stellen Sie sich ein:	**Vermeiden Sie:**
Eine gestraffte Haltung kennzeichnet den Typ des in sich gefestigten, aufrechten Menschen, der weiß, was er will und hart zu verhandeln versteht	Nicht in jeder versteiften Haltung ist der aufrechte Mensch zu sehen. Auch kann die zu betonte gerade Haltung den Typ des Täuschers kennzeichnen

Folgern Sie weiter: Aufrichtigkeit und Festigkeit können im Aufgerichteten zum Ausdruck kommen, wenn diese Haltung nicht geschauspielert wird

---

Der geduckte Typ ist mitunter an der in sich zusammengezogenen Haltung zu erkennen	Nicht jede gekrümmte Wirbelsäule als Kennzeichen des Geduckten betrachten. Mancher will sich so nur entspannen

Folgern Sie weiter: Es ist zu unterscheiden, ob jemand sich nach innen flüchtet oder nur gelegentlich entspannend zusammensinkt

---

Menschen mit lebendigem Mienenspiel gehören zu den aktiven Typen und sind fast immer vielseitig interessiert

Auch Schauspieler kommen zu sogenannten „markanten" Gesichtszügen, selbst wenn es Laienschauspieler sind

Folgern Sie weiter: Es lohnt, zu unterscheiden, ob das Mienenspiel zu vergleichen ist mit sonstigen Aktivitäten, um rückschließen zu können, ob man es mit einem echten „Aktiven" zu tun hat

---

Weite Gesten und geöffnete Jackenknöpfe können ein Zeichen für den offenen Typ sein, der sich den Ausführungen anderer nicht verschließt

Von ungeordneter Kleidung kann man nicht nur auf Offenheit schließen. Weite Gesten sind oft unkontrolliert oder Übertreibungen

Folgern Sie weiter: Der offene Typus zeigt Offenheit auch in seinem Äußeren. Doch zeigt sich mitunter auch Nachlässigkeit mit gleichen Ausdrucksformen

---

Der Typ des Angreifers stellt sich oft durch vorgebeugten Oberkörper und Hände in Richtung auf den Gesprächspartner operierend dar

Es gibt auch Menschen, die mit den Händen nur deshalb so viel reden, weil sie nichts Besonderes zu sagen haben

Folgern Sie weiter: Es ist zwar Aufmerksamkeit geboten, wenn sich jemand betont „zuwendet", es ist aber keine Furcht am Platze

---

Der Typ des Desinteressierten ist meist zu erkennen an der Abwendung (Seitlichdrehung) vom Gesprächspartner

Den sich Abdrehenden nicht gleich als desinteressiert einstufen, vielleicht war lediglich Ihr Auftreten zu aggressiv

Folgern Sie weiter: Bei echten oder scheinbar Desinteressierten muß das eigene Verhalten besonders korrigiert werden, damit im Partner das Interesse geweckt oder verstärkt wird

---

Der Typ des Begeisterten oder Begeisterungsfähigen zeigt sich oft an farblich betonter Kleidung und Gesten, die nach oben gerichtet sind

Halten Sie nicht Modetorheiten für Begeisterung, es kann Nachahmung sein. Politiker studieren Begeisterungsgesten regelrecht ein

Folgern Sie weiter: Zeigen sich Zeichen der Begeisterungsfähigkeit, dann auf Sprechweise und Tonfall achten. Wirken diese deprimiert oder aggressiv, so korrigieren Sie den ersten Eindruck

---

Des distanzierte Typ hält sich im allgemeinen im Zaum. Kleidung ist meist betont schlicht, Mimik und Gestik sind nur angedeutet

Nicht jedes Mauerblümchen ist distanziert zu nennen. Schüchternheit und Ängstlichkeit sind hier die treffenderen Bezeichnungen

Folgern Sie weiter: Sind Zeichen einer Distanziertheit zu erkennen, erst überprüfen, ob es nicht eher Ängstlichkeit ist

---

Der pedantische Typ, der eine Verhandlung zur Strapaze werden lassen kann, ist fast immer an der Überkorrektheit seines Äußeren zu erkennen. Mitunter hat er sogar die Gesten studiert, die dann etwas zu deutlich und abgehackt wirken

Korrekte Kleidung und eindeutige Gestik müssen nicht als Pedanterie gedeutet werden. Die Grenze zwischen Sorgfalt und Kleinlichkeit ist mitunter sehr schmal – oft sogar eine Sache des Betrachters bzw. Bewertenden

Folgern Sie weiter: Es gibt auch bei der Bewertung von Menschentypen keine eindeutigen Zeichen. Verlangen Sie sich immer wieder ab, möglichst umfassende Beobachtungen anzustellen, um zu prüfen, welche Zeichen übereinstimmen und dann Schlüsse erlauben

---

Aus dem Kapitel 3 sollten Sie insbesondere festhalten:

- Befleißigen Sie sich einer ruhigen Sprechweise mit angemessener Lautstärke.
- Bleiben Sie kühl, auch wenn die Wogen hochschlagen.
- Zeigen Sie Verständnis für die Probleme anderer.
- Sprechen Sie in positiven Formulierungen und halten Sie sich die Türen offen.
- Höflichkeit steht jedem gut, auch dem Verlierer.
- Setzen Sie Augenkontakt und Körpersprache gezielt ein und beobachten Sie sie am anderen.
- Lassen Sie Pausen innerhalb Ihrer Ausführungen, damit ausreichend Zeit für die Denkarbeit bleibt.
- Drücken Sie in der Haltung Sicherheit aus.
- Achten Sie auf die Zeichen der Körpersprache in ihrem Zusammenwirken mit dem gesprochenen Wort.
- Beobachten Sie Ihre Verhandlungspartner dahingehend, daß Sie aus äußeren Zeichen und Verhalten deren Typeneigenarten erkennen.

4. KAPITEL

Zeiteinteilung und Termine

Hauptregel

Sorgfältige Planung, die in einer Tagesordnung, die das Wichtigste klar in den Mittelpunkt der Betrachtungen stellt, berücksichtigt ist, hilft Verhandlungszeit einzusparen und mit günstigem Zeitaufwand zu befriedigenden Abschlüssen zu kommen.

Jeder klagt über Zeitmangel. Kaum, daß man einmal im Geschäftsleben einen Menschen trifft, der von sich sagen kann, daß er genügend Zeit hätte. Hat er sie vielleicht wirklich einmal, so belegt er sie ja todsicher mit neuen Aufgaben, aus denen sich sehr bald neuer Zeitmangel ergibt. So geht es Ihnen, so geht es mir. Es gibt jedoch verschiedene Arbeiten oder Tätigkeiten, die, rationeller durchgeführt, vielleicht nicht gerade gewaltige Zeiteinsparungen bringen, jedoch eine vorhandene Zeit besser ausnutzen lassen. Dazu gehört zum Beispiel das Lesen, welches die meisten Menschen so unrationell durchführen, daß sie die doppelte Zeit brauchen als erforderlich. Das gilt ebenso für Verhandlungen oder viele von ihnen, die in nicht endenwollendes Diskutieren ausarten, bis es einmal zu einem Abschluß kommt. Man kann sich dagegen gut helfen durch die Sorgfalt, mit der eine Tagesordnung aufgestellt und eingehalten wird. Das soll uns in diesem Kapitel näher beschäftigen.

Wichtig ist dabei vor allem, daß Prioritäten aufgestellt werden, damit nicht das weniger Wichtige den größten Teil der Zeit stiehlt, und für die Hauptpunkte zu wenig Zeit verbleibt. Zu beachten ist auch, daß Termine, die von außen an die Verhandlung herangetragen werden oder für Ihre Besprechungspunkte Bedeutung haben, zweifellos auf Verhandlungsarbeit und -ergebnis einwirken.

Wieviel da falsch gemacht wird, zeigt das Beispiel solcher Verhandlungen, in deren Verlauf erst so nach und nach die Bedingungen und Wünschen festliegen, nach denen verhandelt werden soll. Wir lesen fast täglich von Verhandlungen zwischen Ländern, in denen man große Teile der Zeit um Sitzordnung oder Formulierungen der einzelnen Verhandlungspunkte verhandelt. Oft gewinnt der Betrachter dabei den Eindruck, als solle bei dieser Art von Verhandlungen überhaupt verhindert werden, daß ein praktisches Ergebnis zutage tritt. Wenn von Zeit und Terminen gesprochen wird, darf man nicht übersehen, daß auch die Verarbeitung von Gedanken durch den menschlichen Geist Zeit kostet. Wer das mißachtet, verfällt vielleicht in den Fehler, lange Redezeiten zu benutzen, seine eigene Meinung in aller Breite darzustellen, den Hörern aber keine Gelegenheit bietet, sich mit den einzelnen Gedanken auseinanderzusetzen. Das menschliche Gehirn ist kein Computer, wenngleich auch dieses Bild immer wieder verwendet wird. Er schafft es nicht, in Sekundenbruchteilen Daten aufzunehmen, weiterzuleiten und zu speichern. Daß menschliches Denken, jedenfalls zur Zeit noch, gewaltige Vorzüge hat, steht dahin und hat nichts zu tun mit dem Bedürfnis nach Zeit.

Joseph D. Cooper fordert in seinem Buch „So schafft man mehr in weniger Zeit", daß man sich einige Zeit genau beobachten müsse und zu diesem

Zweck sorgfältig längere Zeit Listen zu führen habe, in denen man genau festhält, wofür die Zeit ausgegeben wird. Das ist eine mühselige Arbeit, die sich gewiß lohnt, die wir aber unseren Lesern nicht aufzwingen wollen. Aber es wäre doch ganz gut, sich und die anderen Teilnehmer in Verhandlungen auf den Zeitverbrauch hin zu beobachten, damit man sich darüber klar wird, wofür eigentlich die Zeit vertan wird. Wie oft jemand anscheinend gar nicht auf das hört, was die anderen sagten und mit seinen Worten offene Türen einrennt. Zum anderen kommt es häufig vor, daß plötzlich ganz andere Dinge im Gespräch sind, als sie den Verhandlungsgegenstand ausmachen. Achtung: Das ist mitunter Taktik. Ein geflügeltes Wort sagt: Keine Zeit haben heißt, seine Zeit falsch einteilen.

Zeit für die Aufnahme und geistige Verarbeitung

Das, was wir gewohnheitsmäßig tun, braucht nicht bedacht zu werden. Nach einer unterschiedlichen Zeit des Eingewöhnens, sprich Einübens, laufen z.B. Bewegungsfolgen wie von selbst ab. Wer Zehnfingersystem auf der Maschine schreibt, überlegt nicht mehr bei jedem Buchstaben, welcher Taste er zugehört. Ähnliche Abläufe sind es anscheinend, die bewirken, daß ein Kind ein Gedicht auswendig dahersagt oder daß uns eine einstmals hart eingepaukte Formel in den Kopf kommt.

Immer dann, wenn Neues auf uns zutritt, braucht der Geist eine dann plötzlich bewußt werdende Aufnahme- und Verarbeitungszeit. Das ist in Verhandlungen zu bedenken, wo es ja zumeist um Verarbeitung neuer Informationen geht.

Ziehen Sie in Erwägung:	**Lassen Sie nicht außer Acht:**
Mit Neuem muß man sich erst befreunden, umso mehr dann, wenn es außerhalb des Feldes bisheriger Absichten liegt	Nur selten wird jemand sofort das akzeptieren, was ihm ein anderer offeriert. Man braucht „Bedenkzeit"

Folgerichtig: Muß die Zeit vorgesehen bzw. belassen werden, die für eine Einstimmung nötig ist

---

Wenn gute Abschlüsse getätigt werden sollen, muß der Verhandlungspartner verstanden haben, um was es geht	Ein Verhandlungsziel kann kaum erreicht werden, wenn nicht oder nur teilweise verstanden wird

Folgerichtig: Ist auch die Zeit einzuplanen, die es braucht, um Einsicht und Verständis zu gewinnen

---

Verständliche Aussagen führen – eben über Verständnis – in kürzerer Zeit zur Einsicht

Mißverständliche Aussagen können viel Verhandlungszeit kosten. Es dauert lange, bis richtig verstanden wird

Folgerichtig: Ist von Anbeginn der Verhandlung auf unmißverständliche Aussagen Wert zu legen und dort sofort Klarheit zu schaffen, wo man den anderen nicht versteht

---

Der Geist braucht Zeit für die Anpassung an neue Gedanken. Ein häufiges Wechseln in der Gedankenführung muß vermieden werden

Wird Information 2 oder gar 3 geboten, bevor 1 richtig verarbeitet ist, kommt es nie zur Klarheit

Folgerichtig: Ist ein zu schneller Wechsel unterschiedlicher Aussagen zu vermeiden

---

Der Verhandelnde, der warten kann, hat mit diesem Wartenkönnen bereits eine gute Verhandlungstaktik in der Hand

Der Ungeduldige sollte damit rechnen, daß seine Ungeduld letztlich zu längerer Verhandlungsdauer führt

Folgerichtig: Heißt es Geduld aufzubringen – auch wenn die Zeit knapp ist – vielleicht sogar gerade dann besonders

---

Lerntheorien weisen nach, daß Stoff, der im Gedächtnis verankert werden soll, der Wiederholung bedarf

Zu schnelles Vorangehen, ohne einzelne Informationen gründlich eingeprägt zu haben, kann zu späteren Wiederholungen zwingen

Folgerichtig: Sind auch die vertiefenden Ausführungen zu einem Verhandlungspunkt zeitlich mit vorzusehen

---

Die Tagesordnung aufstellen und beachten

Es gibt Menschen, ja ganze Völker (bei denen die Obrigkeit), die alles und jedes verplanen und vor lauter Planung zum Schluß keine Zeit mehr dafür haben, die Pläne zu realisieren. Dieser Art Verplanung wollen wir nicht das Wort reden. Es geht aber nirgends in einem geregelten Leben ohne ein gutes Maß sorgfältiger Planung. Das gilt für das Wirtschaftsleben ganz im allgemeinen und hier im besonderen auch für die Verhandlungen. Schon die vorbereitenden Maßnahmen sind ja ein Teil dieser Planung. Ein anderer ist die Zeiteinteilung, die sogenannte Tagesordnung. Es bedarf nicht immer eines künstlerisch gestalteten Druckwerkes, in den meisten Fällen reicht die vervielfältigte Form. Es kann aber auch genügen, die Tagesordnung zu Beginn der Verhandlung auf Flip-chart oder Tafel aufzuschreiben.

Richten Sie sich danach:	**Lassen Sie nicht zu:**
Wer die Tagesordnung aufstellt, gilt für viele andere bereits als Respektperson, auch wenn er es nicht ist	Wenn nur irgend möglich, es nicht dem anderen Partner überlassen, die Tagesordnung aufzustellen

Es hat den Vorteil: Daß man selbst den Gang der Dinge vorbestimmt, soweit dieser vorbestimmbar ist

---

Bei der Tagesordnung geht es sowohl um die Zeiteinteilung als auch darum, das Thema zu formulieren	Das Thema darf nicht unklar formuliert sein und die zu erwartende Verhandlungszeit sollte überschaubar gemacht werden

Es hat den Vorteil: Daß man allerseits von vornherein genau weiß, worum es geht und mit welchem Zeitaufwand zu rechnen ist

---

Nur wenn alle Teilnehmer genau wissen, um was es geht, kann ein Tagesordnungspunkt in einem Stichwort bestehen. Tagesordnungspunkte sollten kurze Sätze sein

Ein Stichwort in der Tagesordnung sagt nichts aus, wenn niemand weiß, wie es in der Verhandlung zu nehmen ist, die Art seiner Betrachtung nicht erklärt wurde

Es hat den Vorteil: Daß jeder Teilnehmer nicht nur weiß, daß ein Problem angepackt wird, sondern auch wie. Also nicht: Kostensteigerung. Vielmehr: Wie gleichen wir die gestiegenen Rohölpreise aus?

Hauptpunkte gehören an den Beginn der Tagesordnung und sind klar zu definieren

Wichtige Punkte dürfen nicht im Sammelbecken „Verschiedenes" verschwinden

Es hat den Vorteil: Daß die Zeit der hohen Konzentration dem Wichtigen zugewandt wird und wesentliche Punkte nicht unter Ermüdung nebenbei behandelt werden

---

Eine Tagesordnung sollte nicht zu knapp sein, sondern genau beschreiben, welche Punkte im Verlauf der Verhandlung behandelt werden müssen

Die Tagesordnung darf wichtige Punkte keinesfalls auslassen (die dann doch behandelt werden), damit niemand im unklaren ist

Es hat den Vorteil: Daß niemand sich falsche Vorstellungen über Mühe und Zeitaufwand sowie die Problematik macht

---

Eine Tagesordnung darf auch nicht zu lang oder bis in die letzte Einzelheit ausgeführt werden

Tagesordnungen dürfen nicht in Pedanterie ausarten oder die Übersichtlichkeit durch zu viele Details verlieren

Es hat den Vorteil: Daß jeder schnell im Bilde ist und sich die wesentlichen Punkte einprägen kann

---

Aus Vorgesagtem ergibt sich, daß eine Tagesordnung nur das Wichtigste herausheben soll. Selbstverständlichkeiten, wie „Begrüßung" brauchen hier nicht erwähnt zu werden

Selbstverständlichkeiten sollten in der Tagesordnung verboten sein, da sie den Blick für das Wesentliche trüben

Es hat den Vorteil: Daß mit der knappen Information auch die Sachlichkeit der Sitzung von vornherein betont wird

---

Wenn eine von anderen aufgestellte Tagesordnung angenommen werden muß, deren Konsequenzen sorgfältig bedenken

Niemals sich einer Tagesordnung unterwerfen, ohne sorgfältig alle sich daraus ergebenden Weiterungen zu bedenken

Es hat den Vorteil: Daß man nicht innerhalb der Verhandlung von Dingen der Geschäftsordnung (wie man es meist nennt) aus dem Konzept gebracht wird

---

Soweit im voraus möglich, die Zeit für die einzelnen Tagesordnungspunkte vorgeben

Man kann alles totreden. Ohne Zeitlimit läßt sich die beste Tagesordnung nur schlecht einhalten

Es hat den Vorteil: Daß weder Zeit verschwendet wird, noch einzelne Punkte zu kurz kommen

---

Was im Hinblick auf die Zeit noch zu bedenken ist

Jeder hat Versammlungen erlebt, die nie zu Ende gehen wollten, die sich mit endlosem Geschwafel bis tief in die Nacht hinzogen. In Verhandlungen kann es ganz ähnlich sein. Es gibt Unterbrechungen und Störungen, manchmal aus taktischen Gründen bewußt herbeigeführt; es gibt zeitraubende Anfragen zur Tages- oder Geschäftsordnung, die den Fluß ins Stocken bringen. Merken Sie auf, wenn solche Gefahren drohen und versuchen Sie, ihnen entgegenzuwirken. Es ist Ihre Zeit, die da mitvertan wird und die unwiederbringlich dahin ist.

Zu befürworten:

Es kann zu schnellerem Abschluß führen, wenn ein Zeitlimit gesetzt wird. Z.B.: Bedingungen gültig bis zum ... / 3% Skonto bei Zahlung bis...

Abzulehnen:

Es ist abzulehnen, wenn Verhandlungspartner mit einem Zeitlimit regelrecht erpreßt werden sollen. „Wenn Sie jetzt nicht abschließen..."

Denn: Es gibt Menschen, die einen Anstoß brauchen, aber auch solche, die ausgesprochen sauer auf Druck reagieren

---

Vor der Verhandlung ist zu erklären, daß nur eine begrenzte Zeit für die Aussprache zur Verfügung steht und zwischendurch daran zu erinnern

Immer verboten ist es, anfangs zu sagen, daß die Zeit nicht ausreicht, um das Problem richtig zu diskutieren, aber...

Denn: Es sollte den Verhandlungsteilnehmern der Zeitverlauf bewußt bleiben, damit nicht Wesentliches am Schluß unbesprochen bleibt

---

Zeit spart ein, wer schnell auf die speziellen Wünsche und Probleme des Verhandlungspartners einzugehen versteht	Es vertut im allgemeinen Zeit, wer seine eigenen Anliegen in Worten zu stark in den Vordergrund rückt

Denn: Wenn man aus seiner Sicht dem Partner gerecht werden kann, wird dieser mit dem Abschluß nicht zögern und die eigene Absicht gleichermaßen erfüllt sein

---

Pünktlichkeit ist nicht nur die Höflichkeit der Könige, sondern auch die Voraussetzung für Einhaltung des Zeitlimits in Verhandlungen	Unpünktlicher Beginn und überdehnte Pausen müssen zwangsläufig zu Zeitmangel oder Nichteinhalten der Schlußzeit führen

Denn: Man spart nicht nur Zeit durch Pünktlichkeit, sondern kommt auch in den Ruf, korrekt zu sein

---

Ein Verhandlungsprotokoll erfordert zwar im Moment Mehrarbeit, kann aber später viel Zeit einsparen	Unprotokollierte Verhandlungen bzw. Abschlüsse verlangen später viel Rekonstruktionsarbeit, um sich zurückzuerinnern

Denn: Wenn man aus seiner Sicht dem Partner gerecht werden kann, wird nicht auf sein Gedächtnis verlassen

---

Schaumaterial, statistische Darstellungen, Unterlagen, die Worte und Absichten verbildlichen, helfen, viel Redezeit einzusparen	Ohne Anschauungsmaterial etwas verbal zu verdeutlichen, kann erhebliche Zeit kosten

Denn: Wenn Anschaulichkeit zur Verdeutlichung von Aussagen beiträgt, dann muß über Bildmaterial auch Sprechzeit einzusparen sein

---

Aus Kapitel 4 besonders zu beachten

- Keine mißverständlichen Aussagen durchlassen – Verständis erspart Zeit.
- Der Geist braucht Zeit zur Verarbeitung von Gedanken – diese muß ihm verschafft werden.
- In einer Tagesordnung sollten die Themen deutlich formuliert und eine Zeitvorgabe gegeben sein.
- Tagesordnung weder zu knapp noch zu weitschweifig halten.
- In der Tagesordnung das Wichtige deutlich herausstellen.
- Ein Zeitlimit setzen, daran erinnern – es überwachen.
- In der Tagesordnung Wichtiges an den Beginn setzen.
- Schnelles Eingehen auf Partnerwünsche führt zu schnelleren Verhandlungsabschlüssen.
- Ein Verhandlungsprotokoll führen.
- Mit Schaumaterial die Sprechzeiten abkürzen.

5. KAPITEL

Einleitung und Vorbereitungen

Hauptregel

Vom Beginn einer Verhandlung wird ganz wesentlich ihr Klima und der weitere Verlauf bestimmt. Die einleitenden Worte sollten darum unverfänglich sein und in einer positiven Ausdrucksform freundlich vorgetragen werden.

Dale Carnegie sagt in seinem Buch über die Macht der Rede, daß man den guten Redner an zwei Dingen erkenne: An seiner Einleitung und an seinem Redeschluß. Das läßt sich ohne weiteres auch vom guten Verhandelnden sagen. Vom Schluß ist es nahezu eine Selbstverständlichkeit, denn der Schluß einer Verhandlung ist ja der Abschluß, die Vereinbarung über den Verhandlungsgegenstand. Hat man sein Ziel weitgehend erreicht, dann war es eben ein guter Abschluß. Mit dem Beginn mag es nicht ganz so einleuchten. Es gibt auch im kleinen Rahmen „Spätentwickler", die sich in ihrer Form also allmählich steigern. Sie haben es aber schwer gegenüber anderen, die eine Verhandlung geschickt eröffnen und damit schon die Fäden in die Hand bekommen. Wenn wir in unsere Betrachtungen auch jene Verhandlungen einbeziehen, bei denen auf jeder Seite mehrere Teilnehmer miteinander gegen die Gesprächspartner auf der Gegenseite antreten, dann gehört zu den Vorbereitungen auch die Vorbesprechung. Derartige Vorbesprechungen sind fast schon wieder Verhandlungen, nämlich darüber, was man vorträgt und wie man es am besten vorbringt. Die ersten Worte in einer Verhandlung können schon die Weichen stellen, die die Gedankenzüge auf die rechten oder aber auf die falschen Gleise bringen und so bewirken oder verhindern, daß das Verhandlungsziel erreicht wird.

Wie oft hört man Vertreter mit den Worten beginnen: „Darf ich Ihnen etwas von Ihrer kostbaren Zeit stehlen?" oder „Ich werde Sie nicht lange belästigen!" Wer von vornherein sich selbst als eine Belästigung oder einen Zeitdieb hinstellt, darf doch nicht verwundert sein, wenn die Meinung über ihn nicht die freundlichste ist. Überdies übersehen viele Verhandelnde, daß das Gespräch nicht mit den ersten Worten, sondern mit dem ersten Blick beginnt. Schon das Eintreten eines Verhandelnden in den Verhandlungsraum gibt den anderen den ersten Eindruck, von dem viel abhängt.

Und wenn es auch nicht wahr ist, daß der erste Eindruck der beste, d.h. der richtige sei, weil man sich in dieser Hinsicht ständig selbst etwas vormacht, so bleibt unbestritten, daß von diesem ersten Eindruck sehr oft die Haltung abhängt, die der andere uns gegenüber einnimmt.

Nach diesem ersten Eindruck kommt es zum zweiten, zur Begrüßung. Auch sie ist gar nicht so unwichtig, wie sie mancher nimmt. Unbewußt hat jeder gegen seine Verhandlungspartner gewisse Voruteile, die manchmal sehr bewußt werden können. Fällt nun eine Begrüßung schlecht aus, so verstärken sich dadurch die Voreingenommenheiten. Eine gewollt sachliche Begrüßung kann dann plötzlich unterkühlt wirken, eine bewußt freundliche erweckt den Eindruck der Aufdringlichkeit. Schon wenige Zentimeter, die ein Begrüßender dem anderen zu dicht auf den Leib rückt, wirkt auf diesen vielleicht als eine Verletzung der Sicherheitszone oder wie es in der Kinetik heißt, der Intim-Distanz.

Zu den Vorbereitungen gehört es, sich um die Sitzordnung zu kümmern, den Raum verhandlungsgerecht zu gestalten bzw. auszustatten, alles benötigte Zubehör zurechtzulegen. Bei Vorbereitungen ist überdies zu unterscheiden zwischen denen, die mehr oder weniger den Menschen betreffen, also persönlich sind und jenen anderen, die sich auf die Dinge ausrichten und als sachlich bezeichnet werden können. Die Vorbereitung auf das Thema selbst wird uns in verschiedenen anderen Kapiteln noch begegnen, z.B. schon im nächsten, wenn wir uns mit Fragetechniken und Frageverhalten auseinandersetzen. Die Vorbereitungen persönlicher Natur behandelten wir z.T. schon in den vorangegangenen Kapiteln. Stellen Sie sich für die eigenen Bedürfnisse „Ihre" Punkte zusammen.

Die rechte Art, sich vorzubereiten

Je mehr ein Mensch in seinem Fach kann, desto gründlicher pflegt er sich auf neue Aufgaben vorzubereiten. So hört man gerade von den großen Schauspielern immer wieder, wie sorgfältig sie eine neue Rolle einstudieren. Nur die Besserwisser und das sind zumeist gleichzeitig die Wenigkönner, glauben, es nicht nötig zu haben, sich gründlich auf eine Situation vorbereiten zu müssen. Mangel an Vorbereitung zeigt immer etwas von Überheblichkeit. Man glaubt, so hoch über dem anderen zu stehen, daß es halt nicht nötig sei, sich noch großartig Mühe zu geben. Vielleicht gab es wirklich einmal frühere Erfolge, doch wer sich auf den Lorbeeren ausruht, wird sehr bald zurückfallen. Halten Sie das Prinzip fest: Nur gute Vorbereitung ermöglicht gute Verhandlungsergebnisse.

Bejahen Sie:	**Verneinen Sie:**
Alle zugänglichen Unterlagen sind sorgfältig zu sichten, Daten auszuwerten, Angebote abzuwägen usw.	Über Unterlagen hinweggehend auf frühere Erfahrungen zu vertrauen, kann zu späterem Informationsmangel führen

Natürlich: Werden Sie die Augen aufmachen und alles durchsehen, was an Fakten für die Verhandlung wichtig sein könnte

---

Rücksprache mit Fachleuten oder Erfahrungen vermögen, mit weiteren Informationen auszustatten	Darauf verzichten, die Erfahrungen der Erfahrenen zu nutzen, ist falscher Stolz

Natürlich: Werden Sie um Rat fragen, wo Sie ihn erhalten können

---

Die eigenen Argumente und Beweisgründe schriftlich zusammenzustellen, kann dem Gedächtnis wertvolle Stütze sein

Sich darauf zu verlassen, daß einem im rechten Augenblick schon die passende Antwort einfällt, ist trügerisch

Natürlich: Haben Sie längst die gute Gewohnheit, wichtige Beweisgründe schriftlich festzuhalten

---

Immer bereit sein, Einfälle (die zu jeder Zeit, an jeder Stelle kommen können) festzuhalten

Gute Einfälle kommen wieder... Das zu glauben, ist ein weit verbreiteter Irrtum

Natürlich: Haben Sie immer Zettel und Papier zur Hand, um auch am ungewöhnlichen Ort zukommende Ideen festzuhalten

---

Es gibt kaum eine geistige Arbeit, die nicht verlangt, daß man sich ein klares Ziel vor die Augen stellt

Ohne deutliches Ziel vor Augen läuft man im Kreise oder in die Irre

Natürlich: Ist es Ihnen eigen, sich Ihr Verhandlungsziel in aller Deutlichkeit zu durchdenken

---

Unterlagen, die in Verhandlungen benötigt werden, müssen sofort griffbereit sein

Wer Unterlagen erst dann herbeiholt oder suchen läßt, wenn man ihrer bedarf, kann die Verhandlung zum Stocken bringen

Natürlich: Haben Sie Preisliste, Gutachten, Statistiken, Anschauungs- und Demonstrationsmaterial immer im Verhandlungsraum bereit

---

Kenntnis der Eigenarten eines Verhandlungspartners erlaubt, sich von vornherein besser auf ihn einzustellen

Sich nicht um die Besonderheiten dessen zu kümmern, mit dem man es im Gespräch zu tun hat, ist bedenklich

Natürlich: Verschaffen Sie sich immer möglichst frühzeitig Auskünfte über Ihre Verhandlungspartner und deren Besonderheiten

---

Die eigenen Argumente so zu ordnen, daß sie in ihrer Beweiskraft allmählich einem Höhepunkt zugeführt werden, ist schon bei den Vorbereitungen zu berücksichtigen

Die besten Beweisgründe können verpuffen, wenn sie an falscher Stelle, z.B. zu früh eingesetzt werden

Natürlich: Haben Sie sich einen Schlachtplan entwickelt, der Ihre Gedankentruppen auf taktischem Weg dem Sieg zuführt

---

Kenntnis der Besonderheiten des Verhandlungsraumes, speziell wenn fremd, kann vor Überraschungen bewahren

Es gibt noch Leute, die versuchen, Sie durch äußere Umstände in ihrem Sinne zu beeinflussen

Natürlich: Wissen Sie immer, unter welchen äußeren Umständen Sie verhandeln müssen oder haben sich gegen derartige Einflüsse abgehärtet

---

Selbst solche Äußerlichkeiten wie Pausen, Essensmöglichkeiten und Erfrischungen wirken stark auf den Verhandlungsverlauf

Unausgeruht oder hungrig in eine Verhandlung zu gehen, setzt ins Hintertreffen

Natürlich: Gehen Sie nicht mit leerem (auch nicht überfülltem Magen) in eine Verhandlung und bringen frische Kräfte mit

---

Die äußere oder sachliche Vorbereitung des Rahmens

Zwischen der persönlichen Vorbereitung, die auch Einstimmung genannt werden kann, und der äußeren oder sachlichen Vorbereitung, gibt es keine scharfen Grenzen. So wie es z.B. gilt, daß man persönlich alle Unterlagen bei der Hand haben sollte, so muß auch im Verhandlungsraum alles zur Hand *sein,* was während der Besprechung an Hilfsmitteln gebraucht wird (oder werden könnte). Mangelhafte Selbstvorbereitung kann zwar durch die beste äußere Organisation nicht ausgeglichen werden, doch kann mangelhafte Organisation die beste persönliche Vorbereitung zunichte machen. Zum Äußeren gehört die schon erwähnte Tagesordnung wie die Sitzordnung, die Einladung der Gesprächsteilnehmer, die Pausengestaltung. Es sind schon festgefahrene Verhandlungssituationen durch das verabreichte Pausengetränk gelockert worden. Verachten Sie deshalb den Rahmen nicht, wenn Verhandlungserfolge angestrebt werden.

Es gehört dazu:	**Es kann abwegig sein:**
Verhandlungstermine wie Vertreter sind rechtzeitig bekanntzugeben (anzumelden). Ob brieflich oder telefonische Einladung/Anmeldung stehe dahin	Spontan zu Verhandlungen zusammenzurufen, ohne Anmeldung zu erscheinen, ist nicht nur unzweckmäßig, sondern oft auch unhöflich

Weil: Sich jeder Teilnehmer vorbereiten können muß und auch die Terminkalender ein wichtiges Wort mitsprechen

---

Die voraussichtliche Verhandlungsdauer ist zu ermitteln und den Teilnehmern zu nennen	Keine oder unsichere Angaben über die voraussichtliche Dauer zeigen Unsicherheit

Weil: Jeder mit seiner Zeit haushalten, sie einteilen muß und verärgert wird, wenn man sie überbeansprucht, sollte das zur Selbstverständlichkeit werden

---

Mit der Sitzordnung dem Gesprächspartner die Gleichberechtigung bzw. Anerkennung zeigen heißt, weder jemanden benachteiligt noch bevorzugt zu plazieren

Der Gewaltige hinter der Barriere des Schreibtisches will nicht mehr so recht in das (Verhandlungs-)Bild unserer Zeit passen

Weil: Bei freiem Meinungsaustausch niemand sich als der Diktator ausweisen sollte, sitzt man um den runden Tisch, der keine Plazierungsprioritäten mehr vorgibt

---

Bei längeren Verhandlungen sind in den Pausen Erfrischungen bereitzuhalten. Es ist von Vorteil, wenn das im Nebenraum geschieht

Sich nicht um das leibliche Wohl des Gesprächspartners zu kümmern, signalisiert eine negative Einstellung

Weil: Jeder auch als Mensch anerkannt zu werden wünscht, können gerade die menschlichen Gesten dazu beitragen, die Verhandlungsatmosphäre günstig zu gestalten

---

Sind viele Personen an der Verhandlung beteiligt, die einander nicht kennen, sind Namensschildchen (vielleicht sogar eine Teilnehmerliste) empfehlenswert

Sich nicht um die Namen der Gesprächspartner zu kümmern, heißt schon wieder, Desinteresse an ihnen zu zeigen

Weil: Jeder gern mit seinem Namen angeredet wird und es ein Gebot positiver Menschenbehandlung ist, das auch zu tun

---

Werden für eine Verhandlung Experten gebraucht, so sind diese rechtzeitig zu benennen und ist den Partnern zu gestatten, seinerseits fachliche Hilfe in Anspruch zu nehmen

Bei schwierigen Verhandlungsthemen auf den Rat des Fachmanns/Spezialisten verzichten zu wollen, kann viel Verhandlungszeit kosten

Weil: Der tüchtigste Kaufmann nicht zugleich ein guter Mathematiker oder Techniker sein muß, wirken fachliche Argumente nur, wenn sie aus berufenem Munde kommen

---

Bei schwierigen Problemen auf Stockungen vorbereitet sein. Überlegungen in die Vorbereitung einbeziehen, was in solchen Fällen zu tun ist

Es ist leichtfertig, zu glauben, daß schon alles seinen Gang gehen wird, Schwierigkeiten unberücksichtigt zu lassen, ebenfalls

Weil: Kaum eine Verhandlung nötig wäre, wenn alles schon klar ist. Gerade die vorher außer Acht gelassenen Punkte (oft Kleinigkeiten) können die Stokkungen bringen

---

Fragen, welche Mittel benötigt werden und diese bereithalten (Hellraumschreiber, Diaprojektor, Tafel, Flip-chart usw.)

Ohne ausreichende Hilfsmittel Verhandlungen zu beginnen, kann deren Fluß schon an Äußerlichkeiten zum Stocken bringen

Weil: Die Hilfen, die wir heute für die Klärung unserer Gedanken zur Verfügung haben, vielfach die Zeit für langes Hin- und Herreden verkürzen

---

Gedanken zur Begrüßung

Einen „Guten Tag!" pflegt man sich fast immer zu wünschen, sehr viel seltener ist es, sich einen guten Tag zu versprechen und am allerseltensten ist es, ein derartiges Versprechen auch zu halten. Wie dem auch sei, die Begrüßung ist mehr als eine Zeremonie oder sollte doch mehr sein. Sie kann das Verhandlungsklima bereits mild und angenehm oder rauh und kalt machen. Begrüßungen sind ja fast immer die ersten Worte, die man tauscht. Es gilt leider allenthalben und nicht nur im Alltagsleben, daß der erste Eindruck häufig der beste ist. Und ist der erste Eindruck vielleicht gar nicht gut, geschweige denn der beste, so ist er doch bei den meisten Menschen der nachhaltigste, auch wenn er Vorurteile aufgebaut hat.

So sollte es sein:	**So sollte es nicht sein:**
Ist man nicht bekannt, so gehört die Nennung des Namens und der Funktion in die Begrüßung. Mit dem ersten Sprechen stellt man sich auch vor	Nicht abwarten, bis man nach Namen und Funktion gefragt wird, man ist dann schon in Hinterhand

Sie verstehen: Daß man sofort im Bilde sein möchte, mit wem man es zu tun hat und wen oder was er repräsentiert

---

Herren ehrt man, Damen verehrt man. „Sehr verehrte Damen!" und „Sehr geehrte Herren!" ist durchaus noch kein alter Zopf in der Anrede	Meine Damen und Herren! am Anfang ist zwar kurz, könnte aber auch als kurz angebunden betrachtet werden. Im weiteren Verlauf der Rede genügt es allerdings

Sie verstehen: Daß man sich mit den ersten Worten als ein höflicher Mensch darstellen sollte

---

Die Persönlichkeit der Angesprochenen muß in der Anrede gewahrt bleiben. Erlaubt ist es, zu „Kollegen", „Parteifreunden", „Mitarbeitern" zu sprechen

Anreden, die die Persönlichkeit in der Masse verschwinden lassen, wie „Hörer" – „Anwesende" – „Auditorium" wirken entpersönlichend, z.T. entwürdigend

Sie verstehen: Daß jeder als Persönlichkeit gewürdigt und nicht als Teil einer grauen Masse betrachtet werden möchte

---

Informieren Sie sich über den Gebrauch (oder Wunsch danach) von Titeln. Mitunter wird noch großer Wert darauf gelegt, mit „Herr Direktor" angeredet zu werden

Üblicherweise verwendet man heute nur noch den Professor und Doktor als Titel. Es ist aber unklug, anderen Titelträgern (Regierungsrat, Oberingenieur), die Wert darauf legen, die Titelanrede zu verweigern

Sie verstehen: Daß der Geltungsdrang nun mal im Menschen vorherrscht. Man vergibt sich wenig und gewinnt viel, wenn man einen Titel nennt

---

Wendet man sich einer Person zu, so gehört es sich, deren Namen zu Beginn der Rede zu nennen

Wird der Name des Gesprächspartners in einem Redefluß zu oft genannt, kann das unangenehm suggestiv (beschwörend) wirken

Sie verstehen: Daß jeder seinen Namen gern genannt hört, aber nicht in einer vordergründigen, aufdringlichen Form

---

Bei uns ist der Händedruck noch üblich, doch sollte man ihn dem anderen nicht aufzwingen wollen

Mag es auch sympathisch und hygienischer sein, nicht immer die Hand zu geben, verstecken Sie nicht die Hände

Sie verstehen: Daß auch das Händeschütteln von den Gepflogenheiten abhängt. Es ist nicht immer unhöflich, wenn es jemand nicht tut, es ist aber unhöflich, die dargebotene Hand zu übersehen

---

Die einleitenden Worte – der Start der Verhandlung

Es gibt zwar Menschen, die, wie man sagt, erst langsam warm werden, doch geraten sie in Verhandlungen oft in das Hintertreffen gegenüber jenen, die schnell einen Kontakt herstellen können. Es ist von besonderer Bedeutung, sich möglichst schnell auf den Verhandlungspartner einzustellen und nach Möglichkeit die Leitung in die Hand zu bekommen.

Der Grundgedanke jener Verkaufsvertreter, mit einem Witz zunächst die Spannungslage aufzulockern, ist gar nicht so schlecht. Das Prinzip gilt noch. Nur, daß Witze nicht jedermanns Sache sind, außerdem gibt es selten neue oder gute. Es gilt jedoch, eventuelle Spannungen zu lösen, damit in entspannter Atmosphäre die Aussprache vorgenommen werden kann.

Vielleicht geht es so:	**So aber gewiß nicht:**
Auf Form und Inhalt kommt es gleichermaßen an. Der Ton sollte grundsätzlich freundlich, der Inhalt motivierend sein	Hüten Sie sich vor gelangweiltem oder befehlendem Ton. Plattheiten kennzeichnen den Einfallslosen

Wir machen uns klar: Wer mit anderen sprechen soll, muß sich angesprochen fühlen, mit aus Wort und Ton heraushören, daß der Sprecher Interesse nimmt

---

Ein Dank für die Bereitschaft des Partners, sich über das Thema zu unterhalten, kann den Start geben	Es ist nicht so gut, sofort zu unterstreichen, daß es sehr nötig ist, sich über das Thema zu unterhalten

Wir machen uns klar: Wer verhandelt, ist am Thema interessiert. Bietet es Schwierigkeiten, so braucht man diese nicht durch Betonung am Anfang noch zu verstärken

---

Unverfänglich, aber doch den Partner ansprechend, ist ein Lob an Äußerem. Z.B. an der Ausstattung des Raumes oder der Organisation der Verhandlung

Zu den größten Ungeschicklichkeiten gehört es, durch Worte oder auch nur Gebärden negative Kritik an äußerlichen Dingen anzusetzen

Wir machen uns klar: Jeder kann unglaublich viel Lob vertragen. Tadel, wenn auch berechtigt, verstimmt. Muß er sein, dann nicht am Anfang

---

Alle sprechen vom Wetter oder den schwierigen Verkehrsverhältnissen. Warum nicht gelegentlich die erste Spannung mit derart unkritischem Thema überbrücken?

Vermeiden sollte man, von Krankheiten und Gebrechen zu reden. Die Aufmerksamkeit, die man darauf richtet, ist Negativem zugewandt. Betroffene sind peinlich berührt

Wir machen uns klar: Ein unverfängliches Thema kann Anfangsschwierigkeiten überbrücken, doch darf es nicht zu persönlich sein

---

Vielleicht gibt es *gemeinsame* Interessen außerhalb des Verhandlungsthemas (gemeinsames Hobby). Sprechen Sie ein wenig darüber, aber nur ein wenig und nur, wenn Sie selbst davon etwas verstehen

Bei einer Richtung des Gespräches auf Dinge außerhalb des Verhandlungsthemas nicht so tun, als seien sie die Hauptsachen. Über Hobbys nicht sprechen, wenn man keine Ahnung davon hat

Wir machen uns klar: Jeder fühlt sich wohl in seinen Neigungen, läßt sie aber nicht zu taktischen Hilfsmitteln eines Verhandlungsgegners degradieren

---

Aktuelle Ereignisse wertfrei ins Gespräch bringen. Das will besonders bei politischen Ereignissen gekonnt sein

Nicht eine parteiliche Stellungnahme, wenn man nicht die Einstellung des anderen kennt

Wir machen uns klar: Daß Aktualitäten interessieren und eine Einstimmung bewirken, aber nicht, wenn es konträre Standpunkte gibt

---

Einfach ist es, wenn der anstehenden Verhandlung andere vorausgegangen sind, dann kann man mit ein paar Worten darauf Bezug nehmen

Bei Erinnerung an frühere Aussprachen nicht auf deren Schwierigkeiten oder Fehler, die heute zu vermeiden wären, hinweisen

Wir machen uns klar: Gemeinsame Arbeitsergebnisse führen schnell zu neuen Kontakten. Mängel bei früheren Treffen erwecken Mißtrauen

---

Gemeinsame Bekannte, Fachleute, Koryphäen erlauben, wenn man sie mit ein paar Worten bedenkt, eine unverfängliche Einleitung

Es ist nicht nur unfein, über Abwesende Böses zu reden, sondern unklug. Über geheime Kanäle könnten die es erfahren

Wir machen uns klar: Jede Gemeinsamkeit, auch die von Bekannten, bietet Gesprächsstoff. Doch darf aus Gemeinsamkeit nicht Gemeinheit werden

---

Früher lockerte es die Atmosphäre, wenn Rauchwaren angeboten wurden. Heute kann die Tasse Kaffee oder Tee gleiches bewirken

Es zeigt Unsicherheit, wenn man sich als erstes (möglicherweise ungefragt) eine Zigarette ansteckt. Außerdem verärgert man die wachsende Zahl der Nichtraucher

Wir machen uns klar: Ein kleines Genußmittel lenkt vielleicht schon einen Teil der Spannungen ab. Es sollten jedoch beide Partner Genuß am Mittel haben

---

Sorgfältig darauf achten, ob vielleicht der Partner eine Möglichkeit für eine unverfängliche Einleitung fand. Dann darauf eingehen

Nicht mit Gewalt die eigene „unverfängliche" Einleitung durchpauken wollen, die ist dann nicht mehr so unverfänglich

Wir machen uns klar: Der Partner hat sich sicherlich auch vorbereitet. Warum ihn sofort in der Einleitung frustrieren?

Sich immer um positive Formulierungen bemühen. Das ist nicht dauernd möglich, sollte am Anfang aber unbedingt eingehalten werden

Die Wörtchen „leider" oder „zu meinem Bedauern" geben einen negativen Stimulus, der die ganze Verhandlung belasten kann

Wir machen uns klar: Daß Menschen leicht Suggestionen erliegen. Mit einem negativen Stimulus werden sie oft für längere Zeit in ihrem Verhalten gehemmt

---

Ausdrücke wie „ich bin sicher" oder noch besser „Sie werden gewiß mit mir der Meinung sein" eignen sich oft recht gut für die Einleitung

Vermeiden Sie Ausdrücke, die einen Zweifel einschließen wie z.B. „es ist mir unverständlich" – „da gibt es ein kaum lösbares Problem ..."

Wir machen uns klar: Wenn Sicherheit schon am Anfang zum Ausdruck gebracht wird, festigt das die Zuversicht für die weitere Verhandlung. Unsicherheit läßt auch weiterer Unsicherheit freie Bahn

---

Wenn Unangenehmes am Anfang zu sagen ist, dann in kurzen, klaren Fakten: Unser Absatz lag im Monat Februar um 7,2% tiefer als im Vergleichsmonat...

Unangenehmes nicht verniedlichen, aber auch nicht überbewerten. Zahlenwerte nicht vertuschen oder verharmlosen

Wir machen uns klar: Wenn alle genaue Fakten über ein Geschehen haben, ist es leichter, sachlich über Gegenmaßnahmen zu sprechen

---

Auch daran lohnt es sich, zu denken

Vorgedanken sparen Geld. In den Voraussetzungen und Vorbereitungen war die Rede davon, wie wichtig es ist, sich gründlich Gedanken zu machen. So wie vier Augen mehr sehen als zwei, so werden auch mehrere Köpfe in einer Vorversammlung mehr bedenken können als einer allein. Es ist zu entscheiden, ob solche Zusammenkünfte stattfinden und wie sie ablaufen. Wesentlich ist auch, zu unterscheiden, in welche Art vón Aussprache man geht. Zu überlegen ist fernerhin, welche Informationskanäle man nutzen will oder kann.

Mit derlei Gesichtspunkten zum Thema Vorbereitung und Einleitung wollen wir uns im letzten Abschnitt des Kapitels 5 noch ein wenig befassen.

Auch noch zu beachten:	**Ebenfalls zu lassen:**
Sind für wichtige Verhandlungen Vorbesprechungen der Parteien untereinander nötig, dann muß darin alles durchdacht werden, was man über die Dinge weiß	Vorbesprechungen mit der linken Hand sind vertane Zeit. Ohne gründliche Denkarbeit bringen sie wenig

Schließlich: Will man in Vorbesprechungen die Schwierigkeiten vorwegnehmen, die später auftreten könnten

---

Geht es darum, dem Gegner Fragen vorzulegen, dann können diese in der Vorbesprechung genau formuliert werden	Fragen nur zu bedenken, aber nicht in ihrer Formulierung festzulegen, führt dazu, daß Wichtiges später vergessen wird

Schließlich: Sind Fragen Mittel der Verhandlungstaktik, Waffen in der Redeschlacht, die funktionstüchtig sein müssen

---

Ein Brainstorming in der Vorbesprechung kann neue Ideen und mögliche Alternativen auflisten

Es gibt immer mehrere Wege (oder Auswege) – wer keine neuen Gedanken und Alternativen ins Auge faßt, erstarrt

Schließlich: Muß man mit guten Argumenten auf der anderen Seite rechnen – dann ist es für die eigene gut, mit neuen Vorschlägen aufwarten zu können

---

In Vorverhandlungen, die sozusagen die Funktion einer Generalprobe haben, sind auch die Rollen zu verteilen, die der einzelne in der eigentlichen Verhandlung einnehmen soll

Lassen Sie nicht jeden Mitarbeiter (an der Verhandlung Beteiligten) verfahren wie er will. Jeder sollte seine spezielle Rolle/Funktion haben und ausüben

Schließlich: Muß man wissen, wer was tut, wo die Kompetenzen liegen, wer das Gespräch leitet und welche besonderen Hilfen jeder einzelne leisten kann

---

Experten, Spezialisten, die nicht in der eigentlichen Verhandlung anwesend sind, können in Vorverhandlungen gehört werden. Vielleicht stellt sich's heraus, daß sie doch später hinzugezogen werden müssen

Nicht auf den Fachmann verzichten. Vor der Verhandlung nicht auf seinen Rat zu hören, kann sich in der Verhandlung bitter rächen. Rechnen Sie damit, daß der Gegner auch Fachleute hat

Schließlich: Sind die besten Taktiker nicht unbedingt die besten Waffenkonstrukteure. In Verhandlungen heißt das, daß der Verhandlungsgeschickte sich von den Spezialisten die Informationen zuspielen läßt

---

Des weiteren sollten in Vorbesprechungen Verhandlungsregeln, der Zeitablauf und die eventuellen Konzessionen besprochen und festgelegt werden

Ohne klare Richtlinien geht es um so mehr durcheinander als Teilnehmer miteinander gegen andere Gruppen verhandeln

Schließlich: Muß jeder wissen, in welche Richtung er zu gehen hat und auf welchem Wege man am schnellsten zum Ziel zu gelangen denkt

---

Verschaffen Sie sich vor der Verhandlung Klarheit darüber, ob es sich um eine besondere Form der Aussprache handelt. Es gibt wesentliche Unterschiede

Die Unfähigkeit, unterscheiden zu können zwischen Vereinbarungen, Verständigung und Besprechung führt zu falscher Verhandlungsform

Schließlich: Kann man z.B. niemals zu einer Vereinbarung kommen, wenn von der anderen Seite nur eine (Vor-)Besprechung vorgesehen ist

---

Achten Sie ein wenig auf die Statussymbole. Darauf, was jemand durch seine Kleidung oder Ausstattung seiner Umgebung zu signalisieren versucht

Mißachtung von Statussymbolen (auch wenn sie mitunter nur angemaßt sind) verstimmt den, der sie anderen anzeigt

Schließlich: Haben wir es auch da mit menschlicher Eitelkeit und dem Geltungsdrang zu tun, die man für sich wirken lassen kann, wenn man auf sie eingeht

---

Wenn jemand durch gelegentliche Hinweise auf „Heldentaten" offensichtlich seinem Offiziersstatus nachtrauert, durch ein gelegentliches Anreden mit dem „Dienstgrad" Sympathie bei ihm erzeugen

Wer sich deutlich oder versteckt über einen vorhandenen oder ehemaligen Status des Gegenübers belustigt, wird gelegentlich gegen Mauern zu rennen haben

Schließlich: Ist jeder stolz auf das, war er einmal erreicht hat (nicht nur Soldaten) und öffnet sich dem Gesprächspartner, der das respektiert

---

Es gehört zu den Vorbereitungen, sich darüber zu informieren, welchen Status die späteren Verhandlungspartner einnehmen oder beanspruchen

Nicht über den Status der anderen hinweggehen, ihn nicht unbeachtet lassen, sonst ist der Weg zu einem Kontakt mit Hindernissen verstellt

Schließlich: Heißt ein Eingehen auf den Status des anderen noch lange keine Unterwerfung. Sie werden Ihr eigenes Ansehen auch in die Waagschale werfen

---

Nützen Sie alle Informationskanäle, an die Sie sich anschließen können. Von den Geschäftsberichten bis zur Sekretärin des Verhandlungsgegners sind geschickten Unterhändlern viele Kanäle zugänglich

Ein Mißachten der Veröffentlichungen von Verhandlungsgegnern oder der Möglichkeit, mit Mitarbeitern von ihnen ins Gespräch zu kommen, ist der Verschluß vor sprudelnden Informationsquellen

Schließlich: Kann jede Äußerung uns einen Hinweis geben, der in der Verhandlung verwendet werden kann

---

Öffentliches Auftreten oder Äußerungen in anderen Besprechungen zu früheren Zeiten bringen oft ebenfalls wichtige Informationen aus dem Lager des Verhandlungsgegners

Nur Unkluge (und die sollten nicht Verhandlungen führen) achten nicht darauf, was ihr Verhandlungsgegenüber zu früheren Zeiten ausführte

Schließlich: Es ändert sich eine Persönlichkeit im Grundsätzlichen nicht so schnell. Frühere Äußerungen können wertvolle Hinweise auf eventuelles, späteres Verhalten geben

---

Vitale Menschen haben oft Abneigungen gegenüber der Statistik. Das ist ungünstig, denn aus deren Angaben sind mitunter wichtige Informationen zu gewinnen

Wer sich noch weitere Informationsquellen verschließen will, übersehe geflissentlich, was von fleißigen Händen und klugen Köpfen an statistischem Material zusammengestellt wurde

Schließlich: Setzen sich statistische Überblicke aus der großen Zahl von Einzelwerten zusammen, die in sorgfältiger Beobachtung und in Messungen zusammengetragen werden

---

Sie werden verhandlungssicherer, wenn Sie sich merken:

- Halten Sie bei der Vorbereitung Einfälle und Beweisgründe schriftlich fest.
- Stellen Sie sich ein klares Verhandlungsziel vor Augen.
- Versuchen Sie, die Eigenarten Ihres Verhandlungspartners vor der Verhandlung herauszufinden.
- Halten Sie sich streng an Termine und vorgeplante (bekanntgegebene) Zeit.
- Der Ton sei grundsätzlich freundlich.
- Einen kleinen Dank, ein Lob oder ein unverfängliches Thema an den Anfang stellen.
- Positiv formulieren – Unangenehmes in Fakten ausdrücken.
- Fragen sorgfältig vorformulieren.
- Den Status beachten, wenn dadurch das Verhandlungsklima positiv gestaltet wird.
- Verhandlungsregeln möglichst genau festlegen und streng nach ihnen verfahren.

6. KAPITEL

Mit Fragetechnik beginnt die Verhandlungstaktik

Hauptregel

Fragen, die, in positiver Formulierung bei den Neigungen, Wünschen, Interessen des Befragten ansetzend, diesen zum Nachdenken bringen und dazu veranlassen, sprechend, mitteilend aus sich herauszugehen, ersparen in der Verhandlung manche Mühe und leiten die Teilnehmer auf das gesteckte Ziel zu.

Fragen sind der Schlüssel zur Weisheit. Das bekannte Wort „Wer viel fragt, bekommt viel Antwort" wird meist falsch ausgelegt, dahingehend nämlich, daß man nicht lange fragen, sondern besser zufassen solle. Das ist nur für diejenigen richtig, die nie zu einem Entschluß kommen und für jede Handlung anderen die Verantwortung in die Schuhe schieben möchten. Im übrigen aber heißt viel Antwort bekommen, viel Informationen erhalten. Wer dann mit diesen Informationen etwas anzufangen weiß, ist den meisten anderen bald mehr als die berühmte Nasenlänge voraus. Vielleicht sollte man das Wort abwandeln und sagen: „Wer richtig fragt, erhält auch brauchbare Antworten." oder „Wer gezielt fragt, wird eine treffende Antwort erhalten." Schon seit langem gilt die Meinung, daß wissenschaftliche Versuche letztlich auch nichts anderes wären als ein Befragen der Natur. Wer noch immer nicht an Zweckmäßigkeit und Nutzen des rechten Fragens glaubt, den mögen jene Fernsehfilme überzeugen, in denen ein geschickter Anwalt allein durch die Kunst des rechten Fragens durch die schwierigsten Gerichtsverhandlungen kommt. Uns geht es nicht um Gerichte, aber auch in allen anderen Verhandlungen sind Fragen ein hervorragendes Mittel der Lenkung. Da fällt mir noch der alte Sokrates ein, der es zuwege brachte, allein durch Fragen Menschen zu Einsichten zu bringen. Dieses Kapitel will sich nun ganz intensiv mit der Fragetechnik befassen. Noch einmal wandeln wir das Sprichwort ab: Wer geschickt fragt, braucht wenig zu reden und steuert seinen Partner zum gewünschten Verhandlungsergebnis!

Es gibt recht unterschiedliche Fragen. Sie sollen sie kennenlernen, um sich ihrer bei Bedarf zu bedienen. So kennt man z.B. die allgemeine Informationsfrage; es ist die Frage, mit der man nach der Zeit, dem Weg oder irgendeiner Ursache fragt. „Wie ist es dazu gekommen?" fragt ein Redner mit den gleichen Worten. Er wird dann meist unmittelbar darauf eine eigene Antwort parat haben, dann handelt es sich um eine rhetorische Frage, auf die er keine unmittelbar gesprochene Antwort erwartet, aber will, daß die Antwort in seinem Sinne gedacht wird. Ganz ähnlich und doch wiederum völlig anders ist die Suggestivfrage. Wie bei der rhetorischen Frage soll der Hörer beeinflußt werden. Man zwängt ihm aber mit der Frage gleich die Antwort auf: „Sie wollen doch auch, daß wir zu einem vernünftigen Abschluß kommen?" Was vernünftig ist, wird dann der Fragende selbst näher definieren. Manchmal überschneidet sich eine Suggestivfrage mit einer Alternativfrage. In der Alternativfrage werden dem Befragten zwei oder mehrere Möglichkeiten zur Auswahl gestellt. Der geschickte Taktiker verpackt dann in jede der Möglichkeiten seine eigenen Absichten: Wenn der Büdchenbesitzer die kleine Marion-Carmen fragt: „Möchtest Du für Deine Mark lieber Lakritzen,

Kaugummis oder Brausepulver?" dann läßt er gar nicht zu, daß sie vielleicht viel lieber nebenan im Spielwarenladen ihre Mark lustgewinnbringend anlegen möchte. Es gibt noch ein paar Fragenarten, die sich taktisch einsetzen lassen. Beispielsweise die berüchtigte Fangfrage, mit der man etwas anderes hören will, als die scheinbar unverfängliche Formulierung verrät: „Wie gefällt Ihnen mein Projekt XYZ?" will gar nicht wissen, ob und wie dem Befragten das gefällt, sondern ob er bereit ist, es zu kaufen. Böse Beispiele haben sich da schon die alten Griechen ausgedacht. Die Frage: „Hast Du nun aufgehört mit Lügen?", wie auch immer beantwortet, verlangt vom Befragten, zuzugeben, daß er gelogen habe. In solchen Fällen kann nur die Antwort verweigert werden. Weniger hart, aber durchaus beeinflußend kann die Anregungsfrage wirken: „Wie schaffen Sie es nur, bei diesem Verkehr immer pünktlich zu erscheinen?" enthält Lob und Bewunderung (wenn auch vielleicht nur gut gespielt) und will den anderen anregen, auch weiterhin pünktlich zu sein.

Sie sehen, daß hinter den Fragen Absichten und hinter den Absichten Gedankenarbeit steckt. Je mehr man fragt, desto weniger braucht man im Grunde genommen zu reden. Man holt vielmehr aus dem anderen, der sich wahrscheinlich ohnehin gern reden hört, alles heraus.

Überdies gilt auch im persönlichen Gespräch der, der interessiert kurz zu fragen weiß und im weiteren sich mit der scheinbar undankbaren Rolle des Zuhörenden zufrieden gibt, als angenehmer Gesprächspartner. Daß diese Art des Zuhörens nur scheinbar undankbar ist, liegt auf der Hand – es sei denn für jemanden, der selbst lieber schwätzt als denkt. Man hört aktiv und erfährt so mitunter viel mehr, als der Sprechende eigentlich von sich geben wollte.

Richtiges Fragen muß man lernen – und kann man lernen – und unsere Leser sollten es auch tun. Wir versuchen, Ihnen mit den nächsten Gegenüberstellungen dabei zu helfen.

Gezielte Fragen haben Hebelkraft

Mit richtig gestellten Fragen können Sie die ganze Welt gegnerischer Argumente aus den Angeln heben. Wer nicht in ein Monologisieren verfallen will, muß ohnehin Fragen stellen. Es sei denn, jeder sagt seine Meinung und schließlich reden beide aneinander vorbei. Auch der Führende modernen Stils (der so modern gar nicht ist), wird seine Mitarbeiter befragen und nicht wie im Verhältnis Macht-Autorität zu Untergebener Befehle erteilen. Fragen verlangen auch vom anderen ein Mitdenken, er wird gezwungen, sich auf die vorgetragenen Gedanken einzustellen, sich mit ihnen auseinanderzusetzen. Fragen sind daher auch als Aufforderung zum gemeinsamen Denken zu bezeichnen. Halten Sie sich an einige wesentliche Punkte und erproben Sie es bei nächster Gelegenheit.

Halten Sie sich daran:	**Halten Sie nichts davon:**
Klar formulierte Fragen, die kein Mißverständnis aufkommen lassen darüber, was gemeint ist, führen allein zu klaren Antworten	Auf verwaschene Fragen, die in Sinn und Ausdruck unklar sind, kann man keine präzise Antwort erwarten

Sicherlich: Werden Sie Ihre Fragen gut durchdenken und in einfachen und verständlichen Worten stellen

---

Fragen sollten möglichst kurz formuliert sein. Wenige Worte – die aber voller Inhalt, so könnte eine Regel lauten	Mit der Zahl der Wörter, in die eine Frage gekleidet wird, wächst die Gefahr, daß sie nicht verstanden wird

Sicherlich: Wird es schon jetzt oder doch bald Ihre gute Gewohnheit sein, Fragen in möglichst kurzer und präziser Form zu stellen

---

Kurz heißt nicht zu kurz. Die Frage soll so gestellt sein, daß der Gefragte Gelegenheit hat, seine Gedanken zu äußern

Kürzestfragen in dichter Folge (Was kostet es? – Wie hoch ist der Rabatt? – Welche Lieferzeit?) wirken monoton und seelenlos

Sicherlich: Vermeiden Sie es, ein Trommelfeuer von Kürzestfragen abzuschießen und belassen vielmehr dem Befragten die Zeit zu seinen Ausführungen

---

Verwenden sie anregende Fragen. Sprechen sie das Gefühl und die Vernunft im Befragten an. Lassen Sie die Frage eine Aufforderung enthalten

Vermeiden sie Fragen, die im Partner keine Gedanken oder Gefühle anklingen lassen. Der Befragte will sich als Mensch gewürdigt sehen

Sicherlich: Fragen Sie so: „Wie stehen Sie zu diesem Vorschlag?" – „Entspricht es Ihren Wünschen ...?" – „Welche Meinung haben Sie von ...?" – „Was sagen Ihre Erfahrungen zu ...?"

Fragen Sie nach Dingen, die die Aufmerksamkeit und das Interesse des Verhandlungspartners erwecken müssen

Erwarten Sie nicht, daß andere an Ihnen zu großes Interesse nehmen. Vermeiden Sie ich-bezogene Fragen

Sicherlich: Wissen Sie aus den sorgfältigen Vorbereitungen, wie Sie sich auf die Interessen Ihres Verhandlungspartners einstellen

---

Wenn Antworten nicht ausreichen, wiederholen Sie Ihre Frage in anderem Wortlaut

Geben Sie sich nicht mit unvollständigen oder unklaren Antworten zufrieden

Sicherlich: Greifen Sie dann zwei, drei Wörter aus der Antwort auf und formulieren damit eine neue Frage („Sie sagen, daß ..., wie aber ist es ...")

Um sich zu vergewissern, daß richtig verstanden wurde, setze man verstärkende, auch ergänzende Fragen genannt, an

Sich nicht mit der Antwort zufrieden geben, wenn es noch der Ergänzung erweiternder Ausführungen bedarf

Sicherlich: Fragen Sie zur Ergänzung so: „Verstehe ich Sie richtig, wenn ...?" – „Könnten Sie das noch etwas detaillierter ausführen?"

Entspricht die Antwort nicht den Erwartungen, so kann die Korrekturfrage eine Meinungsänderung herbeiführen

Auch bei unbefriedigenden Antworten nicht aufstecken. Vielleicht hat der Antwortende nicht alle Gesichtspunkte berücksichtigt

Sicherlich: Sind Sie bemüht, Ihre Meinung so fragend anzubringen: „Kann man die Dinge nicht auch so sehen ...?" – „Halten Sie es für denkbar, daß es gerade andersherum möglich ist?"

Fragen in Verhandlungen haben den Verhandlungsgegenstand zum Thema, nicht die Person des Befragten

Werden sie in Ihren Fragen nicht persönlich. Eine Sache kann man in Verhandlungen angreifen, die Person hier nicht

Sicherlich: Ist Ihr Bemühen ohnehin darauf ausgerichtet, sachlich zu verhandeln. Das kommt dann auch in den Fragen zum Ausdruck

---

Fragen sollten bei all dem Vorangesagten dennoch unaufdringlich wirken, damit das Gespräch nicht ins Stocken kommt

Will einer nicht antworten, so bringt es eher Verlust, ihn zu zwingen. Enthalten Sie sich der Aufdringlichkeit

Sicherlich: Gehen Sie bei aller Konsequenz sehr behutsam vor und vermeiden es, aufdringlich zu werden

---

Mit den Augen der anderen sehen, mit den Wünschen der anderen fragen lernen

Das war nun schon einige Male Gegenstand unserer Empfehlungen, daß man am besten an das Ziel seiner Verhandlungen gelangt, wenn man sich in den Gesprächspartner hineinzuversetzen versteht. Betrachten wir diesen Gedanken nunmehr unter dem Gesichtswinkel des taktisch richtigen Fragens. Bei dieser Gelegenheit sei auch nochmals darauf hingewiesen, daß sich manche unserer Besprechungspunkte auch in anderen Situationen erproben lassen. So gibt es viele Gespräche im Verlaufe eines Tages, ob am Arbeitsplatz oder daheim, in denen man besser abschneidet, wenn man sich auf das Fragen verlegt. Erproben Sie es, sobald es geht.

Ihr Verfahren:	**Nicht Ihr Verfahren:**
Die Suggestivfrage setzt bei der Meinung des anderen (oft nur vorausgesetzt) an. Wird die Meinung getroffen, so ist man schon weiter	Wenn Suggestivfragen, dann nie auf ein Negativum richten. Falsch: „Sie haben jetzt sicher keine Zeit für mich?" – „Es ist wohl nicht möglich . . .?"

Sie werden: Gewiß so oder ähnlich fragen: „Sie stimmen mir gewiß zu . . .?" – „Es ist sicherlich auch Ihre Ansicht . . .?" – „Wir gehen doch einig . . .?"

Ein Problem des anderen herausgreifen und an ihm eine Frage ansetzen. Auf diese Weise findet sich oft leicht der Einstieg	Nicht zu viel auf einmal fragen, man bekommt sonst zu oberflächliche Antworten und findet den Weg zum Hauptproblem nicht

Sie werden: Sicherlich etwa so fragen: „Wie hoch sind Ihre Beiträge derzeit?" – „Wie sind Sie zufrieden mit dem . . .?" – „Was würden Sie erstrangig ändern wollen, wenn . . .?"

Bei schroff ablehnenden Antworten („Das geht Sie nichts an!" – „Das steht hier nicht zur Debatte!") zur Glättung der Wogen einen Zwischensatz und danach eine Frage in neuer Richtung

Schroffe Antworten dürfen nicht dazu führen, sich beleidigt zu fühlen. Man hatte ja selbst die die Antwort herausfordernde Frage gestellt

Sie werden: Überlegen, wie Sie mit einer neuen Frage den Gesprächspartner überzeugen, daß es um seine Interessen geht. („Es liegt doch wohl in Ihrem Interesse?")

Wenn die Antwort offensichtlich bewußt falsch gegeben, also eine Lüge ist, eine korrigierende Frage zwischenschalten, dann neu fragen

Lügen nicht sofort scharf widerlegen, sondern scheinbar als wahr annehmen. Durch neue Fragen zu einer Korrektur leiten ist besser als Empörung

Sie werden: Sagen: „Das überrascht mich, in Vergleichsfällen sieht das so und so aus!" – „Ist es Ihnen möglich, daß unter jenen Voraussetzungen bei Ihnen ...?"

Wenn eine Frage nicht beantwortet werden kann, weil es der Befragte nicht weiß oder vergaß, Fragen tiefer ansetzen, um mit dem Befragten gemeinsam die Antwort zu erarbeiten

Nichtantwortenkönnen liegt meist mehr an der Frage als am Befragten. Aufbrausen wäre genauso falsch wie resignieren

Sie werden: Weiter fragen: „Lassen Sie uns gemeinsam überlegen, könnte es so gewesen sein? Daraus ergibt sich dann vielleicht ..., halten Sie das für denkbar?"

Durch Fragen zwingt man den Befragten, nachzudenken. Sie helfen ihm dabei durch allmählich immer detaillierter werdende Fragen

Keine fertigen Antworten auf Fragen erwarten. Es sollen Fragen ja gerade dazu dienen, daß der Partner sein Problem in Ihrem Sinne sieht

Sie werden: Nachdem Sie die Fakten abfragten, mit gezieltem „warum?" und „Wieso ist das so?" den Befragten zum Nachdenken bringen. Vorgegebene Antwortmöglichkeiten helfen weiter: „Könnte es so sein, daß ...?"

Bei scheinbar gut begründeter Ablehnung zunächst zustimmen, dann mit neuer Frage besonderen Vorteil des Angebotes hervorkehren

Sich nicht geschlagen geben, wenn anscheinend/scheinbar gute Gründe zur Ablehnung eines in Fragen gekleideten Vorschlages gegeben werden

Sie werden: Sagen: „Da haben Sie aus Ihrer Sicht recht. Man kann die Dinge so sehen. Haben Sie jedoch auch in Ihre Betrachtungen einbezogen . . .?"

Zeigen ausweichende Antworten, daß man sich Ihren Argumenten verschließt, noch konkreter fragen und die Antwort verschieben lassen

Nicht immer mit Gewalt auf Antwort drängen. Es kann den eigenen Absichten besser gerecht werden, wenn sich der andere die Antwort nur „denkt"

Sie werden: Sagen: „Ich will nicht in Sie dringen, doch sollten Sie sich überlegen, ob nicht . . .?" – „Denken Sie nochmals in Ruhe nach und erwägen Sie auch, daß . . ."

Fragen, die überzeugen – Fragen, die helfen

Worüber es keiner Frage zu dem Thema Fragen, wie aber auch zu allen vorangegangenen und weiteren Aussagen in diesem Buch, bedarf, das ist die Aufrichtigkeit, die hinter allem stecken sollte. Gewiß gibt es immer wieder Menschen, die sich täuschen oder überrumpeln, mit unfairer Dialektik besiegen lassen. Allmählich sprechen sich die Verfahren herum, dann geht es nicht mehr so leicht. Denken Sie auch daran, daß Ihre Verhandlungspartner die gleichen Bücher gelesen haben könnten wie Sie. Dann bleiben unsere Aussagen noch genauso gültig, es wird jeder hinter dem Einsatz der Mittel das ehrliche Bemühen sehen, in Verhandlungen das zu tun, was Verhandlungen wollen und sollen: Die beiderseitigen Interessen einander näherzubringen und einen befriedigenden Interessenausgleich zu finden.

Fragen Sie sich weiter:

Mache ich es schon richtig?

Fragen sollen auch dazu beitragen, das Klima zu verbessern, Spannungen zu beseitigen, allgemein aufzulockern. Das ist bei ihrer Formulierung zu berücksichtigen

Sind die Fehler schon beseitigt?

Vermeiden Sie Fragen, die negative Spannungen, also Verkrampfungen in die Verhandlung bringen

Ihre Fragen: Sind gewiß sorgfältig auf Formulierungen und sich ergebenden Wirkungen hin durchdacht

---

Fragen können so formuliert sein, daß sie mögliche Einwände des Befragten schon vorwegnehmen, gewissermaßen im voraus beantworten

Fragen sollten nicht so formuliert werden, daß sie von vornherein Widerspruch herausfordern

Ihre Fragen: Sollten etwa so aufgebaut sein: „Man könnte dem vielleicht entgegenhalten ...“ – „Sie aber werden sicherlich mit mir einig sein ...?“

Fragen, die Erfahrung des Befragten ansprechen, sind eine weitere Möglichkeit, Antwort im gewünschten Sinne zu erhalten

Mißachten Sie die Kenntnisse und Erfahrungen des anderen nicht. Es macht sich lächerlich, wer einen Mehrwissenden „belehren" will

Ihre Fragen: Werden in diesem Fall so ähnlich lauten: „Mit Ihren Kenntnissen auf dem Gebiet werden Sie mir zustimmen ...?" – „Hat Ihnen Ihre Erfahrung nicht schon das gleiche gesagt?"

Wenn es gelingt, durch Fragen Aktivität zu erzeugen, gelingt es auch, den Befragten sich mit „Ihren" Gedanken auseinandersetzen zu lassen

Fragen, die es nicht zustande bringen, daß der andere aktiviert wird, sind Schüsse ins Blaue, gehen am Ohr und Geist vorbei

Ihre Fragen: Aktivieren den, an den sie gerichtet sind, so: „Nehmen Sie dieses Muster zur Hand, was sagen Sie dazu?" – „Bedenken Sie bitte diese Gründe, was glauben Sie, muß die Folge sein?"

Formulieren Sie Fragen möglichst so, daß der Partner Ihnen in Ruhe und ohne Furcht zustimmen kann

Fragen, die Angst im Befragten erzeugen, sind zu vermeiden. Angst ist ein schlechter Bundespartner

Ihre Fragen: Werden nicht so lauten: „Was glauben Sie, was (Schlimmes) passiert, wenn Sie das nicht tun?" – „Haben Sie denn keine Angst, daß dann ...?"

Wenn Sie merken (und man muß darauf achten), daß Sie dem Gesprächspartner wenig sympathisch sind, ist besonders darauf zu achten, daß Fragen sachlich bleiben

Emotionell gefärbte Fragen führen meist von vornherein zur negativen Antwort, wenn der Fragende keine Sympathie beim Befragten hat

Ihre Fragen: Beschränken sich in diesem Falle (der hoffentlich nicht eintritt) streng auf die Fakten, denen nicht widersprochen werden kann

---

Halten Sie verstärkende oder wiederholende Fragen bereit, wenn Sie damit rechnen müssen, auf die erste keine befriedigende Antwort zu bekommen	Manche Fragen wird nicht sofort verstanden. Mancher Befragte will sich erst noch vergewissern, wartet ab oder fragt zurück

Ihre Fragen: Sollten zunächst in verschiedenen Formulierungen entworfen sein, danach aber so durchdacht, daß sie sich noch weiter vertiefen lassen

Was hindert Sie an guten Fragen?

In einer richtig gestellten Frage liegt sehr oft schon die halbe, wenn nicht gar die ganze Antwort. Das ist leicht einzusehen. Wer Fragen sorgfältig durchdenkt, durchdenkt damit auch das Problem, es enthüllen sich die Zusammenhänge und die Lösungsmöglichkeiten werden sichtbar. In Verhandlungen sind Fragen deshalb unter anderem bestens dazu angetan, daß der Befragte die Gedankenwege des Fragenden nachvollziehend durchläuft und damit an das gleiche Ziel kommen muß, das ersterer schon gefunden oder gesetzt hat. Wer keine guten Fragen zu stellen weiß, ist sicherlich der, der das Problem nicht sorgfältig durchdachte. Daß er dann auch nicht zu den gewünschten Antworten, sprich dem gewünschten Verhalten des Gesprächspartners kommt, ist leicht zu folgern.

Bemühen Sie sich um:	Überwinden Sie:
Nur wer mit dem Thema gründlich vertraut ist, es mit den dazugehörigen Kenntnissen sorgfältig durchdacht hat, kann aus ihm heraus die richtigen Fragen entwickeln	Es ist immer wieder verblüffend zu sehen, wie Menschen ohne große Sachkenntnis zu Vorgängen Stellung nehmen. Man wird mit ihnen nur mit eigenem Wissen fertig

Sie haben gewiß: Das Verhandlungsthema so gründlich bedacht, daß Ihnen von seiten der Fachkenntnis niemand etwas vormachen kann (andernfalls bedarf es der Mitwirkung durch den Experten). Folglich fällt es Ihnen auch nicht schwer, zu den richtigen Fragen zu kommen

---

Grundkenntnisse sind gleich dem solide gebauten Haus, das aber nun noch tapeziert und mit Möbeln versehen und wohnlich gemacht werden muß. Die Ausstattung ist Ihre Anschauung	Ohne eigenes Engagement sind auch die solidesten Fakten nur sehr mühsam zur Einsicht anderer zu bringen. Außerdem will man, daß der die Dinge so sieht wie wir

Sie haben gewiß: Eine gute Reihe von Gründen zusammengestellt, mit denen Sie darlegen, weshalb Sie aus einem bestimmten Gesichtswinkel zu vorliegendem Thema Stellung nehmen

---

Für jede Meinung gibt es gute Gründe, für jede Aussage Beweise. Je mehr zur Verfügung stehen, desto leichter die Beweisführung

Meinungen und Anschauungen allein genügen nicht. Wer sie nicht ausreichend begründen bzw. beweisen kann, vermag nicht zu überzeugen

Sie haben gewiß: Auch Ihre Beweise gut gereiht oder gebündelt, um sich ihrer zu bedienen, wobei wir hier vor allem an die Umformung in Fragen denken

---

Zu jeder Meinung gibt es auch eine Gegenmeinung und gegen manchen Beweis hat ein anderer sofort den Gegenbeweis zur Hand. Sie sollten Gegenmeinungen kennen

Zu hoffen, daß Beweisgründe überzeugen müssen, ist oft sehr trügerisch, weil es mancherlei Gegenbeweise geben kann. Sie nicht zu kennen, wird gefährlich

Sie haben gewiß: Auch die Gründe von Gegnern, die Beweise, die gegen Sie sprechen, zusammengetragen und sich im voraus überlegt, mit welchen Fragen Sie den Gegensprecher von seiner Beweisführung abbringen können

---

Suchen Sie nach Vergleichen im Umfeld der Tätigkeit, des Berufes, der Interessen Ihres Gesprächspartners mit dem, was Sie ihm nahebringen wollen

Der Gärtner interessiert sich für Pflanzen, der Schreiner sieht in Bäumen nur die Hölzer. Wer die Beziehung der Partner zu den Dingen nicht sieht, findet keinen Zugang zu deren Interessen

Sie haben gewiß: Sich vor der Verhandlung Informationen über den Gesprächspartner beschafft und sich auch einige Vergleiche ausgedacht, die in sein Denkfeld vorstoßen

---

Der hat gewonnen, der es versteht, gute Beispiele für seine Beweisführung heranzuziehen und daraus Fragen gestaltet: „Sollte es bei Ihnen nicht so sein wie...?"

Auf Beispiele zu verzichten heißt, auf eines der besten Überzeugungsmittel zu verzichten. Es lohnt immer, nach Beispielen zu suchen

Sie haben gewiß: Umschau gehalten auf dem Gebiet, welches Gegenstand der Verhandlung ist und alles an Beispielen zusammengetragen, was Beweiskraft hat

---

Auch in Zeiten, da man Autorität allenthalben bekämpft, glauben noch viele an das, was „Berufene" einmal ausgesagt haben

Alles in den Wind zu schlagen, was von berufener Seite erfahren und ausgesagt wurde, kennzeichnet den Dummen

Sie haben gewiß: Fachleute konsultiert, bei Experten nachgelesen und Zitate von Koryphäen zusammengetragen, die durch ihre Aussage die Meinung untermauern, die Sie in Verhandlungen vortragen wollen und die sich gut zu Fragen umformen lassen, die man in Ihrem Sinne beantworten muß

Weiteres zu Befragten, Fragenden und Fragen

In Büchern über die Verkaufsschulung findet man, oft über Seiten hingezogen, die genauen Formulierungen von Fragen. Ich habe mir ab und zu die Mühe gemacht, solche vorformulierte Fragen einzusetzen, fand aber immer wieder, daß sie nicht so ohne weiteres übernommen werden können. Es bleibt also auch hier nicht die eigene Denkarbeit erspart. Besser, als Fragen schematisch auswendigzulernen und dann auf die Situation zu warten, in die man sie genau einpassen kann, ist es, sich mit der Problematik des Fragens selbst auseinanderzusetzen. Hat einer erst das Prinzip erkannt, dann hat er auch das Vermögen, seine Fragen so zu formulieren, daß ihm die gewünschten Antworten zuteil werden.

Fragen Sie sich weiter:

Um Gesprächspartner bei ihren eigenen Interessen zu packen, braucht man über sie Informationen. Diese sind mitunter leichter zu haben als man glaubt

Und bedenken Sie:

Ohne ausreichende Kenntnisse über den, mit dem man zu verhandeln hat, ist es schwierig, die persönliche Einstellung zu finden

Achten Sie darauf: Berichte über den anderen (Zeitung, betriebliche Mitteilungen, Anzeigen); auf das Betriebstelefon, seinen Briefstil, Aussagen von Mitarbeitern und anderen Partnern, seine Verbands- oder Parteizugehörigkeit, Hinweise bei Auskunftsstellen. Berücksichtigen Sie das alles, wenn Sie Ihre Fragen formulieren

---

Kennt man Interessen und Wünsche des Partners zu wenig, so ist zu überlegen, ob nicht die direkte Frage erlaubt ist und weiterhelfen kann

Sie brauchen keine Scheu vor direkten Fragen zu haben, wenn diese zeigen, daß man an den Interessen des Partners Interesse nimmt

Achten Sie darauf: Antworten zu Fragen dieser Art: „Welche Probleme haben Sie in bezug ...“ – „Was können Sie dafür anlegen?“ – „Welche Bedingungen würden Sie akzeptieren?“

Kann oder will (darf) man hingegen nicht so direkt fragen, vielleicht hilft dann die indirekte Frage dazu, sein Ziel zu erreichen

Um direkte Antworten ableiten zu wollen, kann es genügen, indirekt zu fragen. Das erfordert etwas Geschick, um die Absicht nicht deutlich zu machen

Achten Sie darauf: Das, was Ihnen indirekte Fragen an direkter Information bringen. Fragen, ähnlich diesen: „Gefällt Ihnen das?" (Möchten Sie es kaufen?) – „Was wäre für Sie eine gute Lösung?" (Wie muß eine Lösung beschaffen sein?)

Versehen Sie Fragen mit einem Positivum für den Partner und sie werden zu Stimulierungsfragen, die ihn anregen, in Ihrem Sinne zu denken

Fragen können nur dann den Befragten anregen, in unserem Sinne zu denken und zu handeln, wenn ihm ein Nutzen dadurch deutlich wird

Achten Sie darauf: Das stimulierende Beiwort: „Wäre es von Nutzen für Sie?" – „Bedeutet das nicht eine große Ersparnis?" – „Sehen Sie diese gut in Ihre Wohnung passenden Dekors?"

Bei schwerfälligen Verhandlungspartnern helfen mitunter nur noch Schlußfragen, Fragen, die einen Entschluß verlangen

Bevor Sie Schluß (Entschluß verlangende) Fragen gebrauchen, überlegen Sie sorgfältig, ob sie richtig plaziert sind

Achten Sie auf: Zeichen, die nur noch eine Schlußfrage erlauben: „Welche Möglichkeiten wollen Sie nutzen?" – „Wieviel darf ich Ihnen schicken?" – „Können wir so verbleiben?"

Droht einer Aussprache ein ungutes Ende, besteht Gefahr, daß die Verhandlung platzt, kann vielleicht noch eine „verschiebende" Frage etwas retten

Finden Sie sich nicht ab damit, wenn es nicht weitergehen will. Versuchen Sie, einen Aufschub zu erzielen

Achten Sie auf: Den toten Punkt, der vielleicht verlangt, so zu fragen: „Wollen Sie es sich nochmals in Ruhe überlegen?" – „Darf ich später nochmal diesen Punkt aufgreifen?" – „Vielleicht möchten Sie erst mit . . . rücksprechen?"

Es gibt immer mehrere Wege zu einem Ziel. Vielleicht ist der von Ihnen vorgeplante nicht einmal der beste. Auch danach läßt sich geschickt fragen

Kommen Sie nicht voran, so übersehen Sie nicht, daß Ihnen vielleicht sogar der Gesprächspartner, richtig gefragt, weiterhilft

Achten Sie auf: Fragen, die dem anderen die Möglichkeit geben, Ihnen voranzuhelfen: „Sehen Sie einen Weg, der uns besser voranbringt?" – „Welche Lösung schlagen Sie vor?" – „Was glauben Sie, könnte uns zu schneller Einigung führen?"

Es gibt auch in Verhandlungen eine Art Vertrauensfrage, die sich gut einsetzen läßt, wenn eine Stockung droht. Sie ist meist direkt gerichtet

Ab und zu den Mut zu haben, eine Frage zu stellen, deren Antwort einen Vertrauensbeweis gibt, kann verhindern, daß sich Verhandlungen festfahren

Achten Sie auf: Schwierige Wegstrecken der Verhandlung, vielleicht ist es nötig, zu fragen: „Sind Sie bereit mir zu glauben?" – „Akzeptieren Sie mein Bemühen um eine beiderseitig befriedigende Lösung?"

Die Einsicht heischende Frage verlangt vom Befragten unmittelbar, Ihnen recht zu geben. Wenn Sie merken, daß Ihre Argumente wirken, dann kann diese Frage kommen

Manchmal gibt den letzten Anstoß zum Abschluß die Frage, mit deren Antwort der Befragte zugeben muß, daß er unseren Ausführungen folgte

Achten Sie auf: Den Zeitpunkt, da es zu fragen lohnt: „Stimmen Sie mit mir überein?" – „Ist es recht, daß ...?" – „Erkennen Sie die Vorteile für Sie?"

Es hilft Ihnen weiter, wenn Sie sich besonders einprägen:

- Formulieren Sie Fragen so klar, daß keine Mißverständnisse möglich sind.
- Gestalten Sie Ihre Fragen kurz, ohne daß sie dabei monoton werden.
- Wecken Sie mit Ihren Fragen Aufmerksamkeit und Interesse beim Befragten.
- Lassen Sie Fragen nicht aufdringlich werden und glätten Sie durch Zwischensätze Wogen des Unmuts.
- Nehmen Sie in Fragen Einwände vorweg und in den Antworten Lügen nicht wahr.
- Richten Sie Fragen an die Erfahrungen des Befragten und versuchen Sie, in ihm Aktivität zu erzeugen.
- Setzen Sie bei einem speziellen Problem Ihres Gesprächspartners Ihre Fragen an.
- Ermitteln Sie die Wünsche Ihres Gegenübers durch direkte und indirekte Fragen.
- Bei ablehnenden Antworten zunächst zustimmen, dann aus eigenem Gesichtswinkel neue Fragen stellen.
- Geben Sie dem Gesprächspartner Gelegenheit zu eigenen Vorschlägen in Richtung auf Ihre Verhandlungsziele.

7. KAPITEL

Das richtige Antwortverhalten

Hauptregel

Antworten auf Fragen des Verhandlungspartners sind sachlich und in ruhigem Ton zu geben und sollten in ihrer Aussage deutlich Vorteile für den Fragestellenden herausheben, um ihn über die Antworten in die von uns gewünschten Gedankengänge hineinzuziehen.

Vielleicht ist Ihr Verhandlungspartner ein Naturtalent, vielleicht hat er sich auch gründliche technische Kenntnisse verschafft, vielleicht las er auch dieses Buch. Wie dem auch sei, Sie werden nicht nur fragen können, sondern selbst oft genug Rede und Antwort stehen müssen. Auch dafür sollten Sie die rechten, d.h. die zum Verhandlungsziel führenden Verhaltensweisen kennen und beherrschen. Es hilft mitunter auch die Taktik des Nichtantwortens, dann muß man jedoch damit rechnen, daß der Schluß folgt: Keine Antwort ist auch eine Antwort. Weitaus besser ist es, die richtige Antwort bereit zu halten oder eine, in Ihrem eigenen Sinne, bessere Antwort zu geben, als sie erwartet wurde. Fragen verbergen häufig Wünsche oder Forderungen. Antwortverhalten kann man deshalb auch so verstehen, daß es zu den guten Verhandlungstaktiken gehört, auf Forderungen in der rechten Weise einzugehen. Vielleicht verlangt man auch von Ihnen, daß Sie Farbe bekennen sollen. Dann müssen Sie wohl oder übel, doch sollten Sie nicht gleich den ganzen Farbkübel ausgießen. Zum rechten Antwortverhalten kann man es auch zählen, daß mit Einwänden so verfahren wird, daß sie ihre Gültigkeit verlieren. Ich kannte einen Verkäufer von Maschinenanlagen für Gewerbetreibende, der Fragen nach Preisen, Rabatten, Konditionen grundsätzlich nie zu beantworten pflegte, sondern sich immer hinter seinen Vorgesetzten zurückzog, mit dem er nochmals sprechen wollte. Das ist eine Taktik. Ob sie immer klug ist und angewandt werden sollte, steht schon wieder auf einem anderen Blatt.

Es gibt in verschiedenen Sprachen ein etwa gleichlautendes Wort, das im Deutschen sagt, man dürfe Äpfel nicht mit Birnen vergleichen. Gerade das aber ist oft das Antwortverhalten von Befragten, mit dem man nicht einverstanden sein kann, es sei denn, man plädiere für unfaire Dialektik.

Fragen kann man abblocken, man kann sie aber auch derart beantworten, daß der weitere Verlauf der Besprechung dann geradewegs im eigenen Sinne verläuft. Selbst jene Fragen, von denen man zunächst meint, sie seien nur mit „ja" oder „nein" zu beantworten, erlauben im allgemeinen noch einige zusätzliche Ausführungen. Bei allen Antworten bedenken Sie aber zunächst das, was im vergangenen Kapitel ausgesagt wurde, nämlich, daß Fragen vorzugsweise dazu gestellt werden, den anderen reden zu lassen und damit aus der Reserve zu holen. Wenn Sie das in der Erinnerung behalten, so werden Sie in Ihren Ausführungen bedächtiger sein als der, der sich von einer, vielleicht bewußt etwas provokatorisch gestellten Frage dazu hinreißen läßt, im emotionellen Ausbruch mehr zu sagen, als er eigentlich gewillt war. Auf eine eindeutige Informationsfrage kann man im Normalfall nur mit der erbetenen Information antworten, doch mag ein kleines Beispiel aus dem Alltag zeigen, daß sich die Antwort darin nicht erschöpft. Der Vater fragt den Sohn, wie spät es ist. Er verbindet damit die Absicht, ihn darauf aufmerksam zu machen, daß es Bettgehzeit ist. Die Antwort lautet: „Es ist 15 Minuten vor 9, ich habe noch 10 Minuten Zeit, denn ich kann mich in 5 Minuten fertigmachen!"

Es gibt eine bekannte kleine Geschichte von einem jungen Handlungsgehilfen in einer Seestadt, der sich beim Prinzipal darüber beschwert, daß der gleichaltrige Kollege, der auch die gleiche Zeit im Dienst sei, weit mehr Lohn bekäme. Der Prinzipal geht darauf nicht ein, erwähnt aber, daß im Hafen ein Schiff angekommen sei und er möge erkunden, was es gebracht habe. Nach kurzer Zeit zurückkehrend, lautet die Antwort, das Schiff habe Weizen geladen. Nun schickt der Prinzipal im Beisein des ersten den zweiten, besser bezahlten Gehilfen aus. Der kommt zurück und berichtet, das Schiff habe Weizen geladen, dessen Preis aber im Vergleich zu anderen Angeboten zu hoch liege, hingegen sei noch eine kleine Partie Kaffee einer guten Sorte mitgekommen, um die sich niemand kümmere und die man billig haben könne. Er habe auch schon mit zwei Kunden sprechen können, die bereit wären, Partien abzunehmen, um den Verkauf des Restes sei ihm nicht bange!"

„Verstehen Sie nun", fragte der Prinzipal den schlechter bezahlten Gehilfen „warum Ihr Kollege einen höheren Lohn erhält?"

So ist es mit den Fragen allgemein. Der eine gibt kurz und knapp eine Antwort (die vielleicht obendrein unvollständig oder falsch ist), der andere nimmt sie zum Anlaß seines eigenen Denkens und seiner Aktivität, ein dritter plauscht in seiner Antwort zu viel aus.

Wählen Sie das rechte Antwortverhalten.

Von Fragen und der Antwortfähigkeit

Fragen sollen Aufmerksamkeit wecken. Antworten sollten zeigen, daß man aufmerksam ist. Fragen und Antworten verhelfen beiden Verhandlungspartnern zur Aktivität, führen sie schnell zusammen. Man kann sicher sein, dann am besten verstanden worden zu sein, wenn auf eine geschickt gestellte Frage die treffende Antwort kommt. Fehlt es an Vorbereitung des Fragenden, so kann es vorkommen, daß ihm die richtige oder bessere Frage erst dann einfällt, wenn er die Antwort auf die tatsächlich gestellte hört. Auf der anderen Seite zeigt es dem Befragten, dem eine Antwort nicht einfällt, daß er selbst sich nicht gut genug vorbereitete. Zur Vorbereitung der Fragen gehört auch die Vorbereitung eigener Antworten auf mögliche Gegenfragen.

Überprüfen Sie nun wieder, wie weit Sie schon firm in solchem Tun sind.

So geht es wahrscheinlich:	**So geht es sicher nicht:**
Seien Sie auf Kampffragen gefaßt. Wenn Sie selbst welche stellen, bedenken Sie die vermutliche Antwort. Ebenso legen Sie Antworten auf vermutliche Angriffe fest.	Sich nicht überfahren lassen. Nicht darauf vertrauen, daß es schon nicht so schlimm werden kann (das kann es nur nicht, wenn Sie vorbereitet sind)

Also: Jedes Für und Wider sehr sorgfältig erwägen und sich am besten schon eine Liste von möglichen Antworten zu möglichen Fragen zusammenstellen

---

Der Verhandlungsneuling kann sich sogar helfen, wenn er gute Frage- wie Antwortformulierungen aufschreibt und unauffällig der Einsicht offenhält	Wer sich darauf verläßt, daß ihm zur rechten Zeit schon die richtige Formulierung einfällt, ist einfältig oder schon sehr versiert

Also: Lieber sich einiges an Formulierungen aufschreiben, als hernach nicht zu wissen, was man sagen soll

---

Stellen Sie Antworten zurück, wenn es Ihnen im Moment nicht gut erscheint oder möglich ist, die Antwort zu geben

Fühlen Sie sich nicht gezwungen, auf jede Frage sofort zu antworten. Warten Sie den günstigsten Zeitpunkt ab

Also: Sagen Sie: „Ich werde später ausführlich auf Ihre Frage zurückkommen!" und führen Sie die nächsten eigenen Gedanken aus – vielleicht in Form einer Frage

---

Man kann Fragen bzw. die dazugehörigen oder erwarteten Antworten auch regelrecht sammeln. In politischen Versammlungen geschieht das häufiger

Wenn es erfolgversprechender ist, verschiedene Fragen miteinander zu beantworten, dann wäre es unklug, auf jede sofort einzugehen

Also: Sagen Sie: „Ich werde Ihre Frage mit anderen beantworten!" Hier ergibt sich überdies die gute Gelegenheit, die Frage wörtlich zu notieren

---

Aus dem Gesagten ergibt sich, daß man sowohl für Fragen als auch für Antworten nicht irgendeine, sondern möglichst die beste Zeit wählen sollte

In keinem Falle einfach darauflosreden. Ob man fragt, ob man antwortet, immer überlegen, ob dafür gerade die richtige Zeit ist

Also: Werden Sie aufmerksam bedenkend zunächst sich selbst fragen: „Ist jetzt der richtige Zeitpunkt zum Reden?" Wenn ja, dann zögern Sie keine Sekunde. Wenn nein, so halten Sie die Lippen im Zaum

---

Unsere Antworten sollten so kurz wie möglich sein. Denken Sie an die Frageabsicht: Den Befragten aus der Reserve zu locken

Vielrederei führt zu nichts, außer daß man versehentlich auch das sagt, was man nicht sagen wollte

Also: Werden Sie sich überlegen, was Sie sagen. Kluge Menschen überlegen sich jedes Wort

---

Die besten Antworten kommen aus der soliden Problemkenntnis, oft erworben in wochenlänger Vorarbeit

Ohne gründliche Problemkenntnis gibt es nur Schwierigkeiten. Man kann nicht oft genug darauf hinweisen, daß die Vorbereitungen frühzeitig beginnen müssen

Also: Werden Sie nie in eine Verhandlung gehen, ohne sich gründliche Kenntnisse verschafft zu haben. Zwingt man Sie zur Teilnahme, sollten Sie gleich anfangs klar sagen, daß es an ausreichender Vorkenntnis fehlt

---

Befassen Sie sich mit Methoden der Ideenfindung, heute oft unter dem Titel „Kreativitätstraining" angeboten

Genies sind selten. Ideen kommen noch seltener von allein. Es ist nicht zu umgehen, sich um Mittel eines Geistestrainings zu bemühen

Also: Werden Sie auch ein allgemeines geistiges Training betreiben und z.B. vor Verhandlungen ein Brainstorming mit sich allein durchführen

---

Haben Sie den Mut, eine Frage als unzumutbar, wenn nicht gar dumm zu kennzeichnen, wenn Sie merken, daß man unfair taktiert

Sich nicht überrumpeln lassen. Manche Fragen werden nur gestellt, um Sie zu testen oder aus dem Konzept zu bringen

Also: Geben Sie bekannt, daß Ihnen solche Kniffe bekannt sind. Nennen Sie unfair, was unfair ist

---

Besseres Antworten läßt sich lernen

Natürlich kann man besser antworten lernen. Sie haben es schon an den bisherigen Hinweisen in diesem Kapitel versucht. Mit dieser Art Lernen hat es jedoch etwas mehr auf sich, als mit einem schulischen Faktenlernen. Es geht im wesentlichen um verändertes Verhalten auf psychologischem Sektor. Eine Korrektur falschen Verhaltens bei zwischenmenschlichen Kontakten, zu denen Verhandlungen ja nun einmal zählen, ist zugleich so etwas wie eine Erfolgsschule. Es gab viele Jahre, da hatten bei uns die sogenannten Erfolgsschulen großen Zulauf. Bei näherer Betrachtung handelte es sich fast immer um ein Training der Rhetorik. Nichts gegen die Nützlichkeit der Rhetorik zur Persönlichkeitsentfaltung. Es ist aber noch schwieriger, im Wechselgespräch seine Gedanken vorzutragen, als allein vor der Mannschaft vom Rednerpult her.

Erarbeiten Sie weiter:

Will man Sie mit Fremdwörtern oder geschraubter Fachsprache oder unnötigen Amerikanismen bluffen, antworten Sie in besonders einfacher deutscher Ausdrucksweise

Stellen Sie fernerhin ab:

Übertriebene Achtung, die leicht zur bangen Ehrfurcht wird, vor dem Gebrauch von Fremd- und Fachwörtern macht Sie ängstlich im Antwortverhalten

Gut ist es dann: Dem anderen in der Antwort vor die Ohren zu stellen, daß man sich auf Deutsch gut verständigen kann, ja daß es den sorgfältiger Denkenden kennzeichnet, der sich um den allgemeinverständlichen Ausdruck bemüht

Andererseits kommen Sie nicht aus, ohne die Beherrschung eines nun einmal eingeführten Stammes von Fachausdrücken, mit denen man sich besser verständigt als mit langen Umschreibungen

Völlige Mißachtung der eingeführten Fachwörter ist ein anderes. Sie kennzeichnet entweder den Ignoranten oder den Faulen, der glaubt, nicht er müsse sich der Zeit, sondern diese sich ihm anpassen

Gut ist es dann: Den eingeführten Fachwortfundus zu überblicken, um entscheiden zu können, wann das Fachwort wirklich die eindeutigere Aussage bringt

---

Lassen Sie sich fachliche Aussagen vom Fachmann zusammenstellen, wenn in Ihren Antworten Angaben über Dinge sein müssen, die außerhalb Ihrer Kenntnis liegen

Es ist gefährlich, auf Fragen, die eine fachfundierte Antwort verlangen, unqualifiziert zu antworten. Man schließt sofort auf Ihre anderen Fähigkeiten

Gut ist es dann: Wenn Ihnen der Experte unmittelbar zur Seite steht, um Ihnen die genauen Daten zu liefern. Noch besser, man nimmt ihn in die Verhandlung mit und überläßt ihm die entsprechenden Antworten

---

Nicht jede Antwort kann wie aus der Pistole geschossen kommen. Es ist sogar besser, sich für eine gute Antwortformulierung etwas Zeit zu lassen

Vorschnelles Antworten führt mitunter zu Aussagen, die man hernach ungeschehen machen möchte. Blinder Eifer schadet auch beim Antworten

Gut ist es dann: Sich etwas Bedenkzeit zu erbitten oder deutlich eine Pose des Nachdenkens einzunehmen, die dem Frager zeigt, daß man sich mit seinen Gedanken auseinandersetzt

---

Vergewissern Sie sich, daß die Frage auch richtig verstanden wurde, damit Ihre Antwort nicht von etwas anderem spricht als die Frage

Häufig werden Antworten von Leuten gegeben, die mit dieser Antwort deutlich zu erkennen geben, daß sie die Frage überhaupt nicht verstanden

Gut ist es dann: Wenn man die Frage wiederholend zurückfragt, ob sie in diesem oder jenem Sinne zu verstehen sei

---

Mitunter Verlegenheitslösung, mitunter unfaire Taktik ist es, auf etwas bewußt zu antworten, was nicht gefragt wurde

Nur in äußersten Notsituationen anzuwenden ist jene Taktik, auf etwas anderes zu antworten als auf das, was man fragte

Gut ist es dann: Schnell zu einem anderen Thema, ggf. einer eigenen Frage überzugehen. Erhalten Sie eine solche Fehlantwort, so bestehen Sie darauf, daß Ihre Frage beantwortet wird

---

Um Zeit zu gewinnen, kann man bitten, die Frage etwas ausführlicher zu wiederholen

Nicht nervös werden, wenn eine Frage unangenehm oder schwierig ist. Sie detailliert wiederholen lassen

Gut ist es dann: Genau aufzupassen, ob die Detaillierung und weitere Ausführungen nicht doch den Ansatzpunkt zu einer Antwort im eigenen Sinne gibt

---

Nicht immer ist die korrekte Antwort die beste. Vor dem Sprechen überlegen, welche Informationen man weitergeben will

Teilantworten sind nicht von vornherein negativ. Nur so viel an Informationen weitergeben, wie im Moment verhandelt wird

Gut ist es dann: Die Teilantwort so zu formulieren, daß sich der Fragende zu dem Zeitpunkt damit zufrieden gibt

---

Wenn man nicht antworten kann, will oder darf

Es ist nun einmal in Verhandlungen so, daß man nicht jederzeit bereit ist, seine Karten offen auf den Tisch zu legen. Es gibt Situationen, in denen man mit einer Antwort zurückhalten muß. Es können auch Anweisungen von vorgesetzter Stelle bestehen, über die man sich nicht hinwegsetzen darf. Dann bedarf es einigen Geschickes, um die Verhandlung im Fluß zu halten. Es ist deshalb auch unerläßlich, sich auf derartige Situationen vorzubereiten. Wenn es die Umstände erlauben, ist es zwar am einfachsten zu sagen: „Im Augenblick kann ich darüber keine Auskunft geben ...!" aber vielleicht möchte man auch das nicht. Dann gibt es noch folgende Möglichkeiten:

Probieren Sie es:	Seien Sie vorsichtig:
Man bittet, die Frage noch etwas zurückzustellen, weil zu dem Thema noch mehr an anderer Stelle zu sagen wäre	Die Absicht, auf zurückgestellte Fragen nicht zurückzukommen, kann leicht durchschaut werden

Natürlich: Muß man das dann an entsprechender Stelle auch tun. Vielleicht zu einer Zeit, da Frage und Antwort keinen Sprengstoff mehr bieten

Erklären Sie einfach, die Fragen nicht verstanden zu haben. Das läßt sich wiederholen	Nichtverstehen können heißt oft nichtverstehen wollen. Nur wenn man sich das leisten kann, darf Unverständnis vorgeschützt werden

Natürlich: Werden Sie unmittelbar danach eine eigene Auslegung geben und dann Ihrerseits fragen können, ob Sie richtig verstanden hätten und man Sie richtig versteht

Verweigern Sie die Antwort, weil die Frage nicht zur Sache gehört oder eine ganz andere Voraussetzung habe

Alles braucht man nicht beantworten zu wollen. Prüfen, ob die Frage wirklich zur Zeit beantwortet werden muß

Natürlich: Können Sie dann begründen, warum diese Frage nicht an diese Stelle gehört

---

Unterstellen Sie dem Fragenden Unverständnis und bitten Sie ihn, die Frage nochmals sehr gründlich zu bedenken

Manche Fragen zeigen, daß der andere nichts von der Sache versteht. Man kann ihn vorsichtig darauf aufmerksam machen

Natürlich: Ist in solchen Fällen besonders feines Taktgefühl vonnöten. Nicht: „Davon verstehen Sie nichts!" Sondern: „Überlegen Sie bitte, ob Sie hier nicht von einem Mißverständnis ausgehen?"

Schieben Sie notwendige Erklärungen vor, um den Frager mit weiteren Informationen zu versehen

Unangenehme Fragen nicht zu beantworten, gelingt mitunter, wenn man dem Fragenden mehr erzählt

Natürlich: Bedarf es auch hier des Feingefühls. „Bevor ich auf Ihre Frage antworte, ist es nötig, Ihnen noch folgendes zu bedenken zu geben"

Notfalls ist es möglich, mangelnde Kenntnis vorzuschieben

Niemand kann alles wissen. Scheuen Sie sich nicht, das auch mal auszuspielen

Natürlich: Muß das mit gebührender Vorsicht geschehen und kann nicht zu oft getan werden. „Ich habe da nicht genug Erfahrungen ...!"

Schieben Sie die Antwort einem anderen zu oder legen Sie sie einem Berufenen in den Mund

„Schon Goethe sagte ..." ist zwar nicht mehr ganz neu, aber ab und zu läßt sich das Prinzip verwenden

Natürlich: Werden Sie keine abgedroschenen Sprichwörter verwenden, aber so geht es: „Wie ich hörte ..." – „Es wird behauptet ..." – „Prof. X ist der Meinung ..."

Stellen· Sie Ihre Antwort nur als Möglichkeit hin, von der Sie sich gegebenenfalls wieder distanzieren können

Die Andeutung einer Möglichkeit ist keine rechte Antwort, aber ein Notbehelf, wenn man um die Antwort verlegen ist

Natürlich: Werden Sie dabei etwa folgende Formulierungen einsetzen: „Es besteht die Möglichkeit!" – „Es hat allen Anschein, daß ..." – „Es ist nicht auszuschließen ..."

Verweisen Sie darauf, daß es auf diese Frage ganz verschiedene Antwortmöglichkeiten gibt und man nicht wissen kann, was der Fragende eigentlich erwartet

Jeder hat seine Betrachtungsweise. Es sollte deshalb möglich sein, verschiedene Antworten zur gleichen Frage als wahrscheinlich hinzustellen

Natürlich: Sollte man dann möglichst zwei oder drei solcher Antwortmöglichkeiten ganz kurz andeuten

---

Weisen Sie darauf hin, daß die Frage einen unwesentlichen Punkt berührt oder gar Haarspalterei ist

Merken Sie auf, ob man Sie nicht mit Unwesentlichem zu wesentlichen Aussagen bringen möchte

Natürlich: Ist es erlaubt, wirklich unwichtige Fragen zurückzuweisen. Notfalls kann man aber auch eine wichtige (unangenehme) für unwichtig erklären

---

Bitten Sie darum, die Frage in mehrere Unterfragen zu teilen, weil es unmöglich sein, sie so komplex zu beantworten

Nahezu jeder Gedanke läßt sich unterteilen. Mit dem Verlangen, es zu tun, gibt man aber auch dem anderen Denkzeit

Natürlich: Müssen Sie dabei mitdenken, wie Sie selbst vielleicht diese Frage unterteilen würden, um parallel zum Frager Ihre eigenen Gedanken zu entwickeln

---

Stellen Sie eine Gegenfrage. Vielleicht, das wirkt sogar noch beeindruckender, mehrere Gegenfragen

Im persönlichen Gespräch wie in der Verhandlung gilt es als unhöflich, Fragen mit Gegenfragen zu beantworten

Natürlich: Werden Sie einen Grund oder Scheingrund angeben: „Zuvor ist es wichtig, zu klären ...“

Schieben Sie Zeitnot vor, um die Frage jetzt so zu beantworten, wie sie es verdient

Vorsicht – Wer Zeitmangel vorgibt, darf dann nicht Zeit für Unwesentliches vertun

Natürlich: Ist es dann nötig, sofort zu einem anderen, sehr wichtigen Tagungspunkt überzugehen

Schieben Sie die Antwort einem nichtanwesenden Mitarbeiter zu: „Das kann Ihnen nur Herr X sagen!“

Wer zu oft Antworten von sich auf andere verweist, erklärt damit eigene Unfähigkeit

Natürlich: Werden Sie von all den Mitteln, eine Antwort nicht zu geben, nur sparsam Gebrauch machen, sie gewissermaßen für den Notfall aufheben

Antworten, die überzeugen

Von der Art Ihrer Antwort hängt es weitgehend ab, wie weit Ihnen geglaubt wird. Das ist sowohl eine Sache des sprecherischen Eindrucks wie der beherrschten Rhetorik, auf die wir hier nicht intensiver eingehen wollen, als auch der Aussage selbst. Daß Lügen in Geschäftsbeziehungen keine kurzen Beine haben, ist ein Aberglaube. Dennoch gibt es immer noch „Geschäftemacher", die glauben, ihre Partner hinter das Licht führen zu können und sich versprechen, durch falsche Angaben sich ins rechte Licht setzen zu können. Wir hoffen, Sie gehören nicht zu jenen.

Haben Sie keine Angst vor Antworten, die man von Ihnen verlangt und beobachten Sie auch noch die weiteren Hinweise, die wir Ihnen zum Thema Antwortverhalten geben können.

Es ist gut:	**Es ist schlecht:**
Die Zahlenangaben, Werte und Daten, die in Ihren Antworten enthalten sind, müssen stimmen	Mit gefälschten Daten zu operieren, ist der Lüge gleich. Es rächt sich zu seiner Zeit

Das erfordert: Daß Sie die Werte, welche Sie nennen wollen, genau überprüfen

---

Die in ruhigem Ton vorgetragene, sachliche Behauptung wirkt meist besser als die emotionell unterlegte Aussage	Zu viel Temperament im Vortrag seiner Antworten macht kritische Hörer mißtrauisch

Das erfordert: Daß Sie das Gewicht Ihrer ganzen Persönlichkeit in das legen, was Sie sagen

---

Vermeiden Sie, ein zu hartes Nein an den Anfang Ihrer Antwort zu stellen. Man vergißt sonst Ihre Verhandlungsbereitschaft

Man muß durchaus nicht zu allem Ja und Amen sagen, doch ist es auch nicht nötig, Anfragende zu schokkieren

Das erfordert: Daß Sie sich für Verneinungen vorab einigende, begütigende Formulierungen zurechtlegen. „Schade, daß das so jetzt nicht möglich ist." – „Das wäre denkbar, wenn nicht..."

Wiederholen Sie mit Ihrer Antwort einen Teil der Frage. Damit zeigen Sie, daß Sie aufmerksam zuhörten

Man muß nicht anderen alles nachplappern, aber wenn man einige Worte des anderen aufgreift, kann das gut sein

Das erfordert: Daß man sich selbst als aktiver Zuhörer beteiligt. „Sie fragen nach dem Bleigehalt..." – „Den Konditionen und der Garantiezeit gilt Ihr Interesse..." – „Sie möchten wissen, woher diese Forschungsergebnisse stammen..."

Nehmen Sie auch in Ihren Antworten mögliche Gegenmeinungen so gut es geht vorweg. Sie werden dann nicht in der nächsten Frage auftauchen

Es heißt zwar oft, daß man keine schlafenden Hunde wecken soll. In Verhandlungen ist es aber oft besser, den Hunden Maulkörbe anzulegen

Das erfordert: Formulierungen ähnlich diesen: „Sie könnten zwar weiterfragen, doch..." – „Ein mögliches Bedenken kann ich ausräumen, indem..." – „Vielleicht interessiert es Sie außerdem noch..."

Plazieren Sie in Ihre Antwort möglichst mehrere Vorteile für den Fragenden. Hüllen Sie ihn gewissermaßen darin ein

Der billige Jakob auf dem Markt, der nach scheinbarem Zögern immer noch etwas drauflegt, ist nicht unser Vorbild

Das erfordert: Daß Sie sich – entsprechend vieler vorangehender Ratschläge – intensiv in den Verhandlungspartner hineinversetzt haben

---

Eine Art des Schweigens ist die kurzsilbige Antwort, der sogleich ein anderer Vorteil des Angebotes hintenangestellt wird

Bei Fragen nach Mängeln (die tatsächlich da sind) ist es unklug, diese wortreich zu bestreiten

Das erfordert: Eine Reserve guter Argumente, dann geht es so: „Meinen Sie" -- dann kommt das Neue; „Vielleicht" -- dann kommt das Neue; „Schon möglich" -- / „Denkbar" -- / „Stimmt" -- / „So?" --

---

Werden Sie nach einem Nachteil gefragt, versuchen Sie, ihn in einen Vorteil umzuformen

Aus einer Zitrone kann man eine Limonade machen. Werden Sie nicht sauer, wenn man Ihnen Nachteile vorhält

Das erfordert: Ein aufmerksames Umformen. „Das stimmt, gerade darin liegt ja einer der Vorzüge..."

Sie Suggestiv-Antwort wirkt besonders auf schlichte Gemüter. Sie bedient sich, wie manche Werbung, der ständigen Wiederholung

Eine ständig wiederholte Unwahrheit wird durch Wiederholung nicht wahr, aber mancher hält sie dann dafür

Das erfordert: Daß in jedem zweiten, dritten Satz das gleiche Argument vorgetragen wird. „Unser Preis ist niedrig..." – „Außerdem sparen Sie..." – „Die Kosten sind gering..." – „Ihre Ausgaben halten sich in Grenzen..."

Geben Sie einen Nachteil auch einmal voll zu und stellen Sie dann sofort wieder einen Vorteil gegenüber

Wer einen Fehler zugibt, muß nicht der Verlierer sein, wenn er ihn kurz darauf auszugleichen versteht

Das erfordert: Daß Sie in Ihrem ganzen Auftreten zeigen, man kann sich auch mal einen Fehler leisten und daß man wirklich ein paar dicke Pluspunkte in petto hat

---

Wenn Beispiele in Fragen wirken, wirken sie auch in Antworten. Geben Sie solche, die bekannt sind, einleuchten oder nachgeprüft werden können

Konstruierte Beispiele haben nur dann Überzeugungskraft, wenn sich gleiches in der Praxis abgespielt haben könnte

Das erfordert: Einmal mehr die sorgfältig bedenkende Vorarbeit, in welcher eine angemessene Zahl von Beispielen zusammengestellt werden muß

Unangenehme Aussagen kann man dadurch mildern, daß man auf Vorteile für Dritte, speziell der Allgemeinheit, hinweist

Manches weniger Angenehme läßt sich nicht wegdiskutieren. Vielleicht gibt es für Außenstehende einen Vorteil

Das erfordert: Daß man an das moralische Empfinden appellieren kann, der andere sozialen Erwägungen zugänglich ist. „Der hohe Anteil an Personalkosten macht zwar den Artikel etwas teurer, doch finden viele Menschen ihren Broterwerb ...“

Geben Sie eine kurze Antwort voraus und versprechen weitere Aussagen später. Erinnert eine weitere Teilantwort, so gewinnen Sie Zeit, eine Frage ganz in Ihrer Argumentation untergehen zu lassen

Eine unbefriedigende Antwort verstimmt. Wird sie verbunden mit der Zusage, in Kürze weitere Ausführungen zu machen, dann vermeidet man den unangenehmen Eindruck

Das erfordert: Einen guten Gesamtverhandlungsplan und ein gutes Gedächtnis. Auch Notizen können helfen

---

Schließen Sie eine erklärende Antwort mit einer Frage, der der andere zustimmen muß. Damit stimmt er oft den gesamten Ausführungen zu

Wer Erklärungen in den Raum stellt, darf noch nicht erwarten, daß sie akzeptiert werden. Er sollte nach Wegen suchen, Verständnis zu prüfen

Das erfordert: Einen Abschluß der Ausführungen in seiner Antwort und dann ein: „Möchten Sie an den Vorteilen nicht teilhaben?“ – „Wollen Sie sich die Chance des Gewinnes geben?“

Verbinden Sie Ihre Antwort mit einer „Demonstration". Das kann ein Warenmuster sein, welches Sie reichen, eine Probefahrt, ein Versuch

Worten allein fehlt oft die Anschaulichkeit. Verzicht auf Bildmaterial oder Vorführung ist Verzicht auf Mittel der Überzeugung

Das erfordert: Auch darauf seine Vorbereitungen zu erstrecken, sich vorsorglich zu überlegen, welches Material und welche Aktivitäten als Beweisgründe gute Dienste tun könnten

---

Bitte aus Kapitel 7 gut einprägen:

- Stellen Sie sich für spezielle Verhandlungsthemen Listen von gut formulierten Antworten zusammen.
- Antworten zum günstigsten Zeitpunkt, notfalls Antworten zurückstellen.
- Unzumutbare oder dumme Fragen sowie solche, die nicht zur Sache gehören, zurückweisen.
- Vergewissern, daß man die Frage genau verstand, eventuell wiederholen lassen.
- Eigene Erklärungen der eigentlichen Antwort voranstellen.
- Fragen sammeln und an geeigneter Stelle gemeinsam beantworten.
- Antworten, die kritische Punkte enthalten, Berufenen in den Mund legen.
- Auf verschiedene Antwortmöglichkeiten zur gleichen Frage hinweisen.
- Mit der Antwort zunächst einen Teil der Frage wiederholen.
- Immer versuchen, in die Antwort Vorteile für den Verhandlungspartner einzubauen.

8. KAPITEL

Angriff ist auch in der Verhandlung die beste Verteidigung

Hauptregel

Mit sachlich ruhigem Auftreten und belegbaren Behauptungen, die die verschiedenen Interessen des Vertragspartners mit in Erwägung ziehen, läßt sich die feste Position gewinnen, von der aus man den Lauf der Aussprache im eigenen Sinne leiten kann.

Es ist unseren Lesern zu wünschen, daß sie nie in die Lage kommen, sich in Verhandlungen verteidigen zu müssen, daß sie vielmehr so viel an guter Vorbereitung in die Aussprache mitbringen, daß sie von vornherein Oberwasser haben. Rechnen muß man jedoch immer damit, angegriffen zu werden und folglich auch auf Verteidigung vorbereitet sein. Da ist dann meist die Flucht nach vorn besser. Angriff hört sich etwas kriegerisch an, aber es macht deutlich, worum es geht: Darum, die Initiative zu ergreifen, die Führung oder sagen wir lieber die Leitung der Aussprache in die Hand zu bekommen. Das hat nun wieder nichts, oder doch weniger als Sie jetzt vielleicht denken, damit zu tun, daß Sie das Wort ergreifen und nicht wieder abgeben dürfen. Davon war schon die Rede, daß es eine weit bessere Taktik sei, zuzuhören und den anderen reden zu lassen. Aber genau hier stimmt unser Bild vom Angriff wieder recht treffend: Wenn sich ein Gegner zu weit vorgewagt hat, dann entblößt er vielleicht seine Flanken, dann werden die Stellen, an denen man ihn packen kann, sichtbar. Kluges Fragen war ja schon eine Form des Angriffes, des Vorgehens. In den Antworten kommt dann vielleicht eine Meinung zum Ausdruck, der der Ihrigen gegenläufig ist. Das ließe sich mit dem Gegenangriff vergleichen, der nun seinerseits abzuwehren ist. Der Angriff in Verhandlungen ist im allgemeinen die Argumentation. Die kann schwach und ohne Druck sein und dementsprechend die eigenen Kräfte auf der Stelle treten lassen. Sie kann voller Schwung und Elan sein und Sie schnell ein weites Stück voranbringen. In vielen Fällen geht es um die Begegnung von Einwänden. Gäbe es sie nicht, so bedürfte es kaum einer Verhandlung. Angebot, Kauf, Zahlung, Schluß. So ist es leider nur in seltenen Fällen. Einwände gehören also zur Verhandlung, man muß mit ihnen rechnen, man muß sich auf sie vorbereiten.

Angriffsvorbereitung ist Strategie. Strategie kann man auch mit Plan übersetzen, die Taktik ist hernach das Vorgehen nach diesem Plan. Wir sehen einmal mehr, daß es auch hier wieder unumgänglich ist, auf die sorgfältigsten Vorarbeiten, sprich Vorbereitungen, hinzuweisen.

Fragen wir uns nach der Notwendigkeit. Wenn wir mit Einwänden und Gegenmeinungen rechnen, so ist es am besten, zu überlegen, woher diese stammen. Vielleicht hat der Verhandlungspartner von anderen Negatives gehört, vielleicht hat er mit ähnlichen Dingen, wie sie unser Angebot enthält, schon eigene schlechte Erfahrungen gemacht.

Ein Vertreter für Haushaltsgeräte wollte einer Hausfrau einen Klopfsauger verkaufen. Er stieß auf ziemlich taube Ohren und fand schließlich heraus, daß die Nachbarin das gleiche Fabrikat hatte und es an Saugleistung mangelte. Nun wurde sein Interesse wach. Man besuchte die Nachbarin gemeinsam.

Er konnte sich dort gut einführen mit dem Hinweis, daß er von der Unzufriedenheit gehört habe, seiner Firma jedoch an zufriedenen Kunden liege und er deshalb das Gerät nachschauen wolle. Alles war in Ordnung. Die Benutzerin hatte lediglich die falsche Florhöhe am Gerät eingestellt. Nach einer Erklärung, wie das Gerät einzustellen und zweckmäßig zu handhaben sei, bei der es überdies keine Vorwürfe seitens des Vertreters gab (also nicht etwa: „Wie können Sie auch das Gerät falsch einstellen!"), hatte der Vertreter eine zufriedene Kundin zurückgewonnen und eine neue hinzu. Der Abschluß kam zustande.

Oftmals basieren Einwände auf unklaren, falschen Vorstellungen. Diese zu beseitigen oder in den Ausführungen im voraus zu widerlegen, wäre der „Angriff" in dem hier gemeinten positiven Sinne. In vielen Fällen sind Einwände nur Vorurteile oder vorgegeben, um sich nicht der Aussprache stellen zu müssen. Kennt man die Gründe, finden sich leichter die Gegenmittel. Es gibt auch noch den konservativen Gesprächspartner, der einfach neuen Gedanken nicht zugänglich ist, weil man es immer so gemacht habe und mit dem Bisherigen noch ganz zufrieden sei. Hier könnte der aufmerksame Zuhörer schon die schwache Stelle entdeckt haben: „Wenn Sie sagen, daß Sie noch ganz zufrieden wären, so klingt das schon, als ob es hier oder dort doch noch ein wenig zu verbessern gäbe. Sie finden eine ganze Reihe von Vorzügen in unserem neuen ...!" Das Entwickeln einer Strategie und der Einsatz taktischer Mittel wären verhältnismäßig leicht, wenn man sich seinen Gesprächspartner aussuchen könnte. Leider ist es oft sogar so, daß man zuvor nicht einmal weiß, wer der Partner sein wird. Um so wichtiger ist es, sich seiner Sache sehr sicher zu sein, also die Vorbereitungen im wesentlichen in das Thema hineinzulegen. Haben Sie Kenntnis davon, mit wem Sie es zu tun haben, wissen Sie einiges von den Gepflogenheiten und Eigenarten dieses anderen, dann kann sich die Vorbereitung auf dessen Eigenarten einstellen.

Entwickeln Sie also Ihren Plan und halten Sie die taktischen Mittel bereit.

Was so behauptet, vorgestellt und vorgerechnet wird

An Tatsachen läßt sich gewöhnlich nicht, oder doch nur schlecht vorbeireden. Lernen Sie unterscheiden zwischen Angaben, die sich, wenn auch nicht immer mühelos, nachprüfen lassen und solchen, die nur dahingeworfen sind. „98% der an Kehlkopfkrebs Erkrankten sind Raucher!" Das läßt sich nachprüfen. „Rauchen ist abzulehnen, denn es schadet Atmungsorganen und Kreislauf!" ist zunächst noch eine unbewiesene Behauptung. Mit Worten soll es sich zwar trefflich streiten lassen, mit unwiderlegbaren bzw. kontrollierbaren Fakten, die ihren Niederschlag in Daten finden, läßt es sich jedoch besser siegen.

Es ist vorteilhaft:	Es kann Nachteile bringen:
Zahlen zu nennen, die man belegen, d.h. deren Herkunft man nachweisen kann, zählt zu den wertungsfreien, überzeugenden Argumenten	Reihenweise Zahlenangaben, Aufsagen ganzer Tabellen ermüdet den Hörer mehr als es ihn überzeugt

Deshalb: Setzen Sie Zahlen ein, die Sie belegen können, doch verwenden Sie dieses Mittel sparsam

---

Beweisbare Behauptungen rangieren ziemlich hoch in ihrem Überzeugungswert	Behauptungen in der Art: „Ich habe da gehört, daß..." sind keine Beweise

Deshalb: Auch wenn Sie nicht immer den unmittelbaren Beweis für eine Behauptung aussprechen, halten Sie ihn für den Bedarfsfall im Hintergrund bereit

---

Behauptung kommt von Haupt im Sinne von Oberhaupt, das Übergeordnete, Vorgesetzte. Führen Sie als Behauptungen also nur Wichtiges an

Dahergerede um Nichtigkeiten bringt nichts ein als den Ruf, unwesentlich zu sein

Deshalb: Überlegen Sie sorgfältig die Argumente, die Sie einsetzen wollen und überprüfen Sie sie auf ihre Bedeutung

---

Nervus rerum heißt eigentlich „Hauptsache", daß es synonym mit „Geld" gleichgesetzt wird, sagt recht viel

Schon W. Busch empfand die pekuniäre Störung als besonders empörend. Vermeiden Sie die Belastung des Geldbeutels

Deshalb: Suchen Sie, dem Partner geldliche Vorteile zu bieten, dann werden Sie ihn aufgeschlossen finden

---

Was an Preisnachlässen, Rabatten, -minderungen nicht möglich ist, läßt sich vielleicht an Zahlungserleichterungen anhängen: Geldliche Vorteile!

Wenn schon ein Preis unveränderbar feststeht, dann möglichst nicht die Zahlungsbedingungen erschweren

Deshalb: Erwägen Sie, welchen Vorteil Sie mit Zahlungsfristen oder Teilzahlungen erreichen könnten

---

Verweisen auf günstigen Wiederverkaufspreis. Das ist nicht nur eine Sache des Kaufmanns, auch der, der von Ihnen Wissen einhandelt oder ein Gerät erwirbt, kann den Nutzen in bare Münze umsetzen

Nicht vernachlässigen, darauf hinzuweisen, daß der Endgewinn berücksichtigt werden muß. Sonst sieht der andere nur den momentanen Aufwand

Deshalb: Verhelfen Sie dem Verhandlungspartner weiterzudenken, zu erkennen, welchen Gewinn er letztlich davonträgt, wenn er Ihr Angebot annimmt

---

Der Mensch liebt die Bequemlichkeit. Können Sie ihm vorstellen, daß er es leichter hat, wenn er Ihnen folgt?

Es ist schwer, zu Abschlüssen zu kommen, wenn man verlangen muß, daß der andere Mühen auf sich nehmen soll

Deshalb: Durchdenken Sie, ob es Möglichkeiten gibt, dem anderen Arbeit und Mühen abzunehmen (arbeitssparende Geräte, rationelle Arbeitsmethoden)

Stellen Sie Sicherheit vor Augen. Das tun in unserem Sozialstaat zwar alle, aber vielleicht haben Sie wirklich etwas zu bieten

Die meisten Menschen scheuen Risiken und Gefahren. Ein Angebot, das solche in sich trägt, wird nur schwer angenommen

Deshalb: Beleuchten Sie den Nutzen, den Sie bieten können auch aus dem Gesichtswinkel der Absicherung gegen Gefahren

---

Ein Gewinn an Klugheit (wenn nicht Geld oder Mühe kostend) wird jeden reizen, dem man ihn vorstellt

Es ist gefährlich, ein Angebot zu machen, bei dessen Annahme jemand in anderen Kreisen unklug erscheinen könnte

Deshalb: Überlegen Sie doch mal, ob Sie nicht etwas bieten können, was des anderen Wissen mehrt

---

Schließlich wünscht sich jeder Macht und Ansehen. Vielleicht gibt es hier den Ansatzpunkt, ein Angebot attraktiv zu machen

Wer möchte sich erniedrigen lassen? Nichts darf in den Vorschlägen sein, das des anderen Ansehen schmälert

Deshalb: Rechnen Sie vor, welches Ansehen dem Partner Ihre Vorschläge bringen können

---

Nicht durcheinander bringen lassen – Ruhe als Ausgangslage

Es ist nur selten, daß man einem großen Menschen Unruhe nachsagt. Fast immer wird unter den positiven Eigenschaften hervorgehoben, mit welcher Ruhe er Nachrichten hinnahm, seine Entscheidungen traf, seine Arbeit tat. Bei Verhandlungen ist es nicht anders. Wer die Ruhe bewahrt, behält die Übersicht. Negativ formuliert: Wer die Ruhe verliert, verliert damit auch die Übersicht. Darauf legen es gewitzte Partner denn auch an, den anderen aus der Ruhe und damit aus dem Konzept zu bringen. Auch hierbei könnte Angriff die bessere Verteidigung sein. Aus eigener Ruhe darauf wirken, daß der Gegner die seine verliert, setzt einen Verhandelnden in Vorteil.

Versuchen Sie:	**Versuchen Sie lieber nicht:**
Ein verärgerter Gesprächspartner wird einen Teil seines Ärgers an Sie abgeben wollen (hoffentlich ist es kein Zurückgeben)	Reutter sang: „Um so mehr Du Dich freust, um so mehr ärgern die sich!" Es ist besser, Ärger zu dämpfen

Dann sollten Sie: Auf jeden Fall versuchen: Den Ärger einzudämmen und durch beschwichtigende Worte die eigene Ruhe zu dokumentieren

---

Erregung und Ärger ablaufen oder totlaufen lassen. Das geschieht am besten durch Zuhören	Auf scharfen Ton mit noch schärferem zu antworten, spielt Ärger unnötig hoch

Dann sollten Sie: Den anderen ausreden lassen, sich gleichmütig den Ausbruch anhören und dann in Ruhe das Wort ergreifen

---

Zum ruhigen Auftreten ein paar humorvolle Worte einleitend gegen unnötigen Ärger gesagt, verhindert vielleicht dessen Aufkommen	Worte im Befehlston, die sich sozusagen verbeten, daß jemand Ärger zeige, sind das Gegenteil dessen, was wir meinen

Dann sollten Sie: Etwa so vorgreifen: „Wir suchen nach einer gemeinsamen Lösung – für Aggressionen steht später der Fitness-Raum zur Verfügung!"

Wenn es Ärger gibt, hören Sie zu, unterbrechen Sie nicht, warten Sie, bis sich die Spannung entladen hat

Ärgernden ins Wort zu fallen ist das beste Mittel, sie in Weißglut zu bringen

Dann sollten Sie: Weder korrigieren, noch resignieren, sondern nach Schluß der Entladung das Gemeinsame der Besprechung herausstreichen

---

Vorwegnehmen, daß man verstünde, wenn es hier und da Unmut gäbe – vielleicht gibt es ihn dann gar nicht

Nie sein Unverständnis darüber ausdrücken, daß sich hier jemand ärgern kann – er kann und darf es

Dann sollten Sie: Sagen: „Es könnte zwar für den einen oder anderen etwas ärgerlich sein, doch liegen die Tatsachen nun einmal..."

Entsteht ein Ärger aus Irrtum oder Mißverständnis, ist es das gleiche: Erst mal anhören, erst mal ausreden lassen

Und sind Sie noch so im Recht, dem sich Ärgernden dürfen Sie nicht ins Wort fallen

Dann sollten Sie: Wenn hernach die Korrektur angebracht wird (in Ruhe), durch eine freundliche Geste oder eine kleine Gefälligkeit den Ärger runterspülen helfen

---

Sagen Sie vorweg (oder wenn der Ärger da ist, hernach), daß es Sie bekümmert, daß gerade ihm, einem so wichtigen Gesprächspartner, Ärger widerfuhr

Hüten Sie sich vor Bemerkungen wie: „Es sind ja immer dieselben, denen etwas nicht in den Kram paßt!" – „Sie müssen sich nicht immer ärgern!"

Dann sollten Sie: Sich ehrlich bemühen, die menschliche Seite zu sehen, auch im Verärgerten noch den Gesprächspartner zu akzeptieren

---

Ruhe stellt man ein oder wieder her, indem man sachlich die Dinge bespricht, die Fakten gegeneinander stellt und abwägt

Hartes Beharren auf einem Standpunkt, der von anderen nicht akzeptiert wird, widerspricht jeder Diplomatie

Dann sollten Sie: Einfach die Tatsachen aufzählen und Daten nennen und den Gesprächspartner bitten, selbst zu vergleichen

---

Besteht der Ärger zu einem gewissen Recht, d.h. liegt der Fehler bei Ihnen, sollten Sie ihn in Ruhe zugeben

Einen Fehler zu bestreiten, kann nur zu weiterem Ärger oder Mißtrauen für die ganze Verhandlung führen

Dann sollten Sie: Zu Ihrem Fehler stehen, sich entschuldigen und sofort die Aktivität ergreifend, einen Pluspunkt in das Gespräch bringen

---

Machen Sie Vorschläge, wie man am besten wieder Ruhe in die Verhandlungen bringen, das Gespräch neu aufbauen kann

Nicht aufgeben oder sich selbst im Ärger zurückziehen. Überlegen, wie die Situation wieder geklärt werden kann

Dann sollten Sie: Souverän Ihr Thema beherrschen und Ihre Beherrschung zum ruhenden Pol machen. Geben Sie die Aktivität nicht aus den Händen

---

Wenn ein hartes Nein kommt – der andere will nicht

Bei all unserem positiven Bemühen übersehen wir nicht, daß es manchmal wirklich nicht weitergeht. Wenn der Gesprächspartner auf einer falschen Vorstellung beharrt oder Ihre Minimalforderung nicht akzeptiert, dann bleibt vielleicht noch die Vertagung, im übrigen ist aber Schluß der Debatte. Es gibt auch in der Verhandlungstechnik keine Wunderwaffen, mit denen man kurz vor Kriegsende noch eine Niederlage in einen Sieg umformen könnte. Oft wird aber zu früh aufgegeben. Das Nein war nur ein Test, es besteht durchaus noch Verhandlungsbereitschaft. Nur für diese Fälle sind die nachfolgenden Betrachtungen gedacht. Es gibt – wie gesagt – auch andere, in denen wäre ein Weiterverhandeln reine Zeitverschwendung.

Es lohnt, zu erwägen:	Es wäre falsch:
Es gibt Verkaufsberater, die sagen, daß mit dem „Nein" des Kunden das Verkaufsgespräch überhaupt erst beginne. Die meisten Menschen sagen vorsichtshalber erst mal „Nein!"	Auf jedes „Nein" gleich den Hut zu nehmen, heißt zu früh aufgeben und vielleicht einem Tüchtigeren das Feld zu überlassen

Daraus folgt: Daß man erst noch mal nachfragt, z.B. indem man bittet, kurz die Gründe aufzuführen

---

Es lohnt, zu erwägen:	Es wäre falsch:
Bei einem harten „Nein" können im allgemeinen nur neue, zugkräftige Argumente eine Wende herbeiführen	Monotones Wiederholen der gleichen Aussagen machen diese nicht beweiskräftiger

Daraus folgt: Daß man immer noch einige gute Argumente im Hintergrund haben sollte

---

Bleiben Sie vor allem geduldig. Geduld ist im Umgang mit schwierigen Verhandlungspartnern eine besonders wichtige Tugend

Neinsagern gegenüber Ungeduld zu zeigen, wird diese gewiß nicht umstimmen. Es ist taktisch unklug

Daraus folgt: Daß man sich als Verhandelnder um ein besonderes Maß von Geduld bemühen muß. Dazu gehört, von vornherein nicht zu kurze Zeiten zu planen

---

Versuchen Sie, die nächsthöhere Plattform zu erreichen. Oft genügt schon die Bitte, mit einem Vorgesetzten sprechen zu dürfen, um das Gespräch wieder zu öffnen

Es wäre unklug, es als Drohung auszusprechen, daß man sich dann mit dem Vorgesetzten besprechen müsse, auch wenn das die Absicht ist

Daraus folgt: Daß man es geschickt versuchen sollte, dem Partner nahezulegen, daß er von sich aus den Vorschlag macht, mit einem kompetenteren Mann zu sprechen

---

Stellen Sie den Besprechungspunkt, der zum „Nein" führte, zunächst zurück und sprechen Sie über einen anderen, für den Neinsager vorteilhaften Punkt

Drängen Sie nicht auf die Umstimmung der Meinung, sie könnte sich gerade durch das Drängen weiter verhärten

Daraus folgt: Daß es auch Reserven an Besprechungspunkten bzw. Vorschlägen geben sollte, wenn zu vermuten ist, daß man mit einem Vorschlag nicht zum Ziel kommt

---

Fragen Sie, unter welchen Voraussetzungen Sie mit einem „Ja" rechnen können. Dann wird der andere seine Wünsche deutlich ausbreiten

Geben Sie sich nicht achselzuckend mit dem „Nein" an einer Stelle zufrieden. Suchen Sie nach dem Ansatzpunkt der Wende

Daraus folgt: Daß man aufmerksam weiter nach dem Zugang zu den Interessen des Partners suchen sollte

---

Meinung und Gegenmeinung – Hart im Geben, hart im Nehmen

Mancher meint, daß Meinungen da seien, um durchgesetzt zu werden. Man kann es aber auch so betrachten, daß Meinungen dazu da sind, ausgeglichen zu werden. Wer hart im Geben ist, sollte auch etwas einstecken können. Sie sollten auch als Top-Könner der Verhandlungskunst damit rechnen, gelegentlich einem besseren zu begegnen. Das heißt dann nicht, sofort aufgeben, im Gegenteil, dem Geübten macht es erst richtig Spaß, sich dann zu messen. Es heißt jedoch auch, mit der Möglichkeit zu rechnen, der Unterlegene zu sein. Es gibt Geschichtsforscher, die meinen, daß es der Fehler des deutschen Militärs im letzten Krieg war, es nicht gelernt zu haben, sich planmäßig und geordnet zurückzuziehen. Halten Sie sich auch bei weiteren Betrachtungen über angreifende Verteidigung den Rückzug offen.

Im Auge zu behalten:	**Nicht aus den Augen lassen:**
Man kann schon durch überzeugendes Auftreten wirken. Die aufrechte Körperhaltung kennzeichnet oft den Aufrechten und Standhaften	Verkrampfte oder versteifte Haltung führt auch zu versteiften Ansichten und manchem Krampf in den Aussagen

Gut wäre: Wenn Sie sich schon rein äußerlich aufrecht und locker geben. So seltsam es klingt, es lockern sich damit auch die Gedanken

---

Nehmen Sie den Rat „im Auge behalten" auch wörtlich und pflegen Sie den Augenkontakt, schauen Sie die Partner offenen Blickes an	Ansehen heißt weder anstarren noch fixieren. Wörter wie 'böser' oder 'stechender' Blick sagen, was man empfindet

Gut wäre: Wenn Ihr offener Blick von der Offenheit Ihrer Anschauungen und Darlegungen durchdrungen ist

---

Standfestigkeit ist etwas anderes als die eigene Meinung zu verhärten. Der Stand(punkt)feste kann auch mal einen Schritt zurückgehen

Eine Verhärtung der eigenen Meinung muß im Gesprächspartner Widerstand erzeugen, er will ja auch sein Gesicht wahren

Gut wäre: Wenn Sie bei gefestigtem Eigenstandpunkt dennoch geistesoffen bleiben und treffende Gegenargumente akzeptieren

---

Juristen unterscheiden zwischen dem Recht haben und dem Recht behalten. In Verhandlungen ist es wichtiger, zum befriedrigenden Abschluß zu kommen als auf ein „Recht" zu pochen

Leute, die um jeden Preis Recht haben wollen, nennt man rechthaberisch und läßt sie für „Ihr Recht" oft teuer mit Nachteilen bezahlen

Gut wäre: Wenn Sie mehr dem anderen Recht geben als selbst auf dem Ihren zu verharren, aber schließlich in Ihrem Sinne den Abschluß tätigen

---

Lassen Sie den anderen reden (das hatten wir schon), auch wenn er schimpft und Sie mit Vorwürfen angreift

Wer einen Ärger nicht ablaufen läßt, muß damit rechnen, daß davon die ganze weitere Aussprache belastet wird

Gut wäre: Sie geben dem anderen die Gelegenheit, den Dampf, den Überdruck, abzulassen. Je mehr er sich zunächst verausgabt, desto leichter haben Sie es später

---

Keinen Streit. Wenn Streit aufkommen will, zeigt sich, daß da jemand seinem Geltungsdrang frönt. Lassen Sie ihn

Menschen, die keinen Streit vermeiden können (oft gar nicht wollen), zeigen damit ein angekratztes Selbstgefühl

Gut wäre: Wenn Sie erinnern, daß das Wort Taktik dem Wort Takt verwandt ist. Der taktvolle Mensch kommt weitaus weniger in Streitsituationen. Handeln Sie danach

---

Gelegentliches Schweigen, die betonte Pause, signalisiert einem Gesprächspartner deutlich, daß man Denkarbeit von ihm verlangt. Auch Redner arbeiten gern mit diesem Trick

Hektisches Reden zeigt eher, daß man seiner Sache nicht sicher ist, als daß sie beim Hörer Wirkungen zeigt (es sei denn die, den Schwätzer loszuwerden)

Gut wäre: Wenn Sie es sich angewöhnten, nach Aussprache eines wichtigen Gedankens eine betonte Sprechpause einzulegen, bevor Sie den nächsten Gedanken vortragen

---

Wechsel der sprachlichen Mittel gibt Ihnen die Möglichkeit, einen Überraschungseffekt zu erzielen

Eine Verhandlung ist keine Aufzählung irgendwelcher Einzelheiten. Überzeugungskunst verlangt Wechsel der Sprechweise

Gut wäre: Wenn Engagement auch aus Ihrer Stimme klingt. Veränderte Lautstärke, Betonung, Sprechmelodie und -geschwindigkeit können Überraschungseffekte bieten

---

Überlegen Sie, ob es das Risiko lohnt, den Partner gelegentlich vor vollendete Tatsachen zu stellen. Rechnen Sie auch damit, daß der andere es versucht

Das Mittel, den Partner einfach vor eine vollendete Tatsache zu stellen, kann arg danebengehen. Entscheiden Sie sorgfältig

Gut wäre: In solchen Fällen noch eine Rückzugsmöglichkeit einzubauen. Versuch: „Wir sind also nunmehr alle der Ansicht . . .!" Rückzug (nach Einspruch): „Hier scheinen also doch noch leichte Mißverständnisse vorzuliegen . . ."

Aus Kapitel 8 besonders gut merken:

- In Behauptungen nur Wichtiges und Beweisbares (z.B. nachprüfbare Zahlen).
- Geld liegt vielen am nächsten – bieten Sie materielle Vorteile.
- Bequemlichkeit und Sicherheit im Angebot machen Interessenten abschlußwilliger.
- Sicherheit und Mehrwissen für den Verhandlungspartner öffnen ihn sich Ihren Wünschen.
- Ärger vorbeugen, aufkommenden eindämmen, vorhandenen ablaufen lassen.
- Genau hinhören, Verständnis zeigen für Unmut, sagen, daß es einem leid tut.
- Nicht mit „Nein" beginnen, bei auftauchendem „Nein" nach Gründen fragen.
- Immer sachlich bleiben und die Fakten herausarbeiten.
- Schon äußerlich seine „Aufrichtigkeit" herauskehren.
- Mit betonten Pausen und Wechsel der sprachlichen Mittel zu wirken versuchen.

9. KAPITEL

Gute, bessere, beste Abwehr

Hauptregel

Haben Sie den Mut, sich auch in gefährlichen Verhandlungssituationen zu behaupten und verlieren Sie vor allem nicht die Ruhe, mit der Sie Andersdenkenden sachlich entgegentreten oder – bevor es zu nachteiligen Ergebnissen kommt – eine Vertagung vorschlagen.

Schon in den beiden vorangegangenen Kapiteln klangen Aussagen an, die auch unter obiger Überschrift gemacht werden könnten. Lassen Sie mich das zum Anlaß nehmen, deutlich herauszustellen, daß wohl die meisten Verhaltensweisen oder Taktiken der Verhandlung von unterschiedlichen Seiten her betrachtet werden können und daß ein ganz glattes Einteilen in Kategorien sehr schwierig ist. Es zeigt sich hier, wie an vielen Stellen im großen Felde der geistigen Arbeit, daß es nur fließende Grenzen gibt. Ich halte es auch für weniger praktikabel, sich aus der Zahl der in diesem Buch aufgeführten Gesichtspunkte einige herauszusuchen und dann diese und nur diese zur Erreichung eines ganz bestimmten Verhandlungszieles einzusetzen. Es scheint mir weitaus wertvoller zu sein, sich den großen Überblick zu verschaffen, davon möglichst viel in den aktiven Wissensschatz abzusenken und bei Bedarf die richtigen Mittel in der zweckmäßigen Kombination zu nutzen. Das schließt allerdings nicht aus, daß der Leser, wie ja auch in einem anderen Zusammenhang empfohlen, sich aus Übungsgründen mit der einen oder anderen Maßnahme etwas intensiver befaßt. Wenn hier nun von guter Abwehr gesprochen werden soll, dann versetzen wir uns damit in die Lage des Angegriffenen, dessen vielleicht, der in Gefahr gerät, auf die Verliererstraße zu kommen. Eins scheint dabei wichtig, das, was man im Geschäftsleben so gern das Gesicht-wahren nennt. Hier nochmals der Hinweis für den Angreifer: Man ist auch als der Überlegenere gut beraten, wenn man den Unterlegenen die Chance gibt, sein Gesicht zu wahren. In Verhandlungen kann keine Rede davon sein, daß der beste Sieg nur dann errungen wäre, wenn man den Gegner am Boden zerstörte. Ich frage mich sogar, wie sinnvoll das in der großen Politik ist. Man wird oft genug Zeuge von solchen Bemühen, aber wir sehen auch, welche „Dauererfolge" sich daraus ergeben.

Sollte es wirklich jemand versuchen, so in Verhandlungen vorzugehen und Sie stehen auf der anderen Seite, dann bleibt allerdings kaum etwas anderes übrig, als seinerseits hart zurückzuschlagen. Aber das sollte der Notfall bleiben, der äußerste Notfall. Oft ist ein solcher „Angriff" ja ohnehin nur ein Zeichen dafür, daß sich der andere in die Enge getrieben fühlt und nun versucht, sich gewaltsam zu befreien. Haben Sie in solchem Falle bis zu diesem Punkt in Ruhe argumentiert, wäre es sicherlich falsch, nun in Rage zu geraten. Es gibt auch gespielten Zorn, den taktisch harten Angriff, der weiter nichts will als ermitteln, wie weit man sich vorwagen kann. Dann zu erkennen geben, daß man mit den Finten wohl vertraut ist, kann schon die beste Gegenmaßnahme sein. Mancher Angriff ist ein Scheinangriff und mancher Angreifer ein Blender. Mit ihnen umgehen zu lernen, gehört zur Abwehrtaktik. Blender erkennt man oft daran, daß sie von ihren großen Erfolgen bei anderen Kunden bzw. Vertragspartnern berichten oder aber auf große Leistung vergangener Tage verweisen. Klar, wer angibt, hat es nötig, wer blendet, will, daß andere nicht richtig sehen. Es gibt in jeder Verhandlung Angebote, die man einfach zurückweisen muß, unzumutbare oder unbillige Forderungen. Auch ihrer gilt es, sich zu erwehren. Schlimm wird es, wenn man es gar mit Drohungen zu tun hat. Ein Rat am Rande: Anstatt über die vielen politischen Sendungen und Magazine im Fernsehen zu schimpfen, nützen Sie doch dieses Kommunikationsmittel als Studienmaterial. Sie können oft hervorragend beobachten, wie man sich in Verhandlungen verhält, allerdings gibt es auch eine Fülle von Beispielen, die Ihnen deutlich vor die Augen stellen, wie man es besser nicht machen sollte. Auch der vom Inhalt her langweiligsten Fernsehsendung können Sie vielleicht durch Beobachtung von Rhetorik, körpersprachlichem Verhalten und Verhandlungstechnik noch etwas abgewinnen.

Immer nur lächeln . . .

Spätestens seit der Zeit der verschiedenen, uns näher berührenden, asiatischen Kriege wissen wir, daß Angehörige der gelben Rasse durchaus nicht immer nur lächeln. Es bleibt hingegen unbestritten, daß es (z.B. Chinesen und Japaner) Asiaten weitaus besser verstehen als wir, ihre Gefühle zu beherrschen und nicht zu stark im Mienenspiel auszudrücken. Uns sieht man es fast immer an, in welcher Stimmungslage wir uns befinden und wenn es betont negative Stimmungen sind, so können uns gar die Gesichtszüge gelegentlich entgleisen. So kam es, daß man auch davon sprach, daß jemand sein Gesicht verlieren kann, wenn er die Fassung verliert. Das Wort ist inzwischen in seiner Bedeutung erweitert und meint nun auch noch, daß man bei schlechtem Abschneiden in einer Sache sein Ansehen verlöre.

Versuchen Sie zu verhindern, daß Ihr Partner und Sie selbst das Gesicht verlieren.

Achten Sie darauf:

Jeder unterliegt dem Geltungstrieb und will sich bestätigt sehen. Anderer Menschen Verhalten kann ihm dabei zum Spiegel werden. Machen Sie sich diesen Grundgedanken zu eigen

Und vergessen Sie nicht:

Wer durch sein Verhalten zum Ausdruck bringt, daß er den Partner gering schätzt, verletzt damit dessen Bedürfnis nach Selbstbestätigung

Deshalb: Zeigen Sie in Ihrem Verhalten nichts, was den anderen herabsetzen könnte. Geben Sie ihm keine Zeichen der Geringschätzung

---

Besonders ärgerlich fühlt der den Verlust seines Gesichts, den man vor Freunden oder Menschen, an deren Achtung ihm liegt, bloßstellt

Sich über andere zu erheben, indem man sie das Gesicht verlieren läßt, vor anderen bloßstellt, lädt Zorn auf einen selbst

Deshalb: Vermeiden Sie besonders sorgfältig, einen Partner im Kreis seiner Freunde zu diskriminieren

---

Soweit die anderen. Gehen derartige Absichten auf Sie, kann zunächst nur bewußt dargestellte Ruhe helfen, daß Sie Ihr Gesicht wahren

Keine Wirkung nach außen zeigen – immer nur lächeln – sonst tragen Sie dazu bei, daß sich der andere als Sieger fühlt

Deshalb: Ist schon wieder „Ruhe die erste Verhandlerpflicht". Zeigen Sie Würde, wenn man Ihnen Persönlichkeit absprechen will

---

Kontern Sie mit der Taktik: Wir haben beide Recht! Dann braucht niemand das Gesicht zu verlieren

Es stimmt nicht, daß immer nur einer Recht haben kann. Es gibt verschiedene Standpunkte

Deshalb: Sagen Sie: „Von Ihrer Warte kann das durchaus so sein – von meinem Standpunkt sieht es aber so aus . . .!"

Unterstellen Sie dem anderen unzureichende Informationen und entschuldigen Sie ihn, um zur Unterstreichung Ihrer Meinung Gelegenheit zu haben

Angriffe kann man nicht einfach ignorieren, man kann aber versuchen, ihre Ungültigkeit herauszustellen

Deshalb: Werden Sie folgendes ausdrücken: „Ihnen fehlen möglicherweise die neuesten Daten . . ." – „Das erscheint so zunächst richtig, doch sieht es aus, als hätte man Sie nicht umfassend informiert . . ."

Verweisen Sie sachlich, doch fest auf einen anderen Weg. Lassen Sie offen, ob der, auf den man Sie zwingen will, ein gangbarer ist

Will man Sie auf einen Weg zwingen, dann überprüfen Sie genau, ob es nicht andere gibt; vielleicht solche, die gut gemeinsam begangen werden können

Deshalb: Werden Sie auch diese Aussage parat halten: „Versuchen wir doch, diesen Weg gemeinsam zu gehen . . ." – „Überlegen Sie bitte, ob Sie in diesem Falle nicht meinem Weg folgen können."

Betonen Sie die Geringfügigkeit der unterschiedlichen Standpunkte, wenn man den Ihren abtun will

Man verliert sein Gesicht nicht, wenn man zeigen kann, daß der eigene Standpunkt dem anderen ähnlich ist

Deshalb: Sagen Sie gelegentlich auch folgendes: „Der Unterschied zwischen unseren Anschauungen ist nicht der Rede wert..." – „Was Sie sagen, ist in anderer Formulierung genau das gleiche..."

Weisen Sie härteren Gegnern nach, daß sie nicht alle Gründe mit berücksichtigen

Bei noch so vielen guten Argumenten des Gegners wird es doch wohl auch etwas geben, das er übersah

Deshalb: Kann man auch so vorgehen: „Sie haben viele gute Gründe, doch übersehen Sie..." – „In Ihrer Reihe überzeugender Aussagen wurde etwas übersehen..." – oder hart: „Sie sollten dann aber auch..."

Sammeln Sie Gegenmaßnahmen

Die Menschen sammeln die unterschiedlichsten Dinge, von Seemuscheln über Münzen zu Streichholzschachteln, Taschenuhren, antiken Möbeln oder Oldtimern. Warum den Sammeltrieb nicht auch auf geistigem Gebiet ausnützen? Ich habe Menschen kennengelernt, die Witze sammelten, andere stellten kluge Aussprüche zusammen und letztlich arbeiten viele Geistesschaffende mit Karteien, in denen sie das verschiedenste Material, jeweils aus ihrem Fachgebiet, zusammentragen.

Warum sich also nicht auch eine Sammlung von Argumenten zusammenstellen, auf die sich im geeigneten Augenblick in Verhandlungen zurückgreifen läßt? Wir versuchen wieder, Ihnen dabei ein paar Denkanstöße zu geben.

Halten Sie fest:	**Schließen Sie aus:**
Verschaffen Sie sich eine Basis, von der aus zu argumentieren ist, indem Sie soviel wie möglich über die Person oder die Firma zu erfahren suchen, mit der Sie verhandeln	Ohne Kenntnis dessen oder derer, mit denen Sie zu tun haben, fehlt Ihnen die Basis. Verhandeln Sie nicht ohne solche Kenntnis

Ergo: Werden Sie alles Informationsmaterial sorgfältig sichten, das Ihnen etwas über Ihre Verhandlungsgegner aussagt

---

Fehlen solche Vorinformationen, scheuen Sie sich nicht, den anderen zu Verhandlungsbeginn zu bitten, Ihnen etwas über sich zu sagen	Geben Sie nicht zu früh auf bei der Suche nach Auskünften über den anderen. Fragen Sie ihn schließlich selbst

Ergo: Werden Sie ein paar Fragen gleich diesen bereit haben: „Ich würde Sie gern näher kennenlernen, bitte erzählen Sie mir doch etwas über sich ..." – „Wir sollten einander besser kennen, bitte nennen Sie mir doch auch Ihre Wünsche ..."

Versuchen Sie festzustellen, wer der oder die nächsten Vorgesetzten des Verhandlungsgegners sind, um ggf. auf höherer Ebene weiterverhandeln zu können

Übersehen Sie nicht die höheren Ebenen, auf denen sich zu verhandeln lohnt, wenn Sie auf der derzeitigen nicht vorankommen

Ergo: Brauchen Sie auch Informationen über den Aufbau der Hierarchie der Firma, mit der Sie verhandeln

---

Machen Sie sich vertraut mit den Gepflogenheiten unfairer Taktiken, nicht um sie zu benutzen, sondern um sie anzuprangern, wenn ein anderer sie einsetzt

Vor unfairen Taktiken die Augen zu verschließen ist unklug, wenn man damit rechnen muß, daß andere sie einsetzen

Ergo: Brauchen Sie auf diesem „negativen" Gebiet auch ein solides Grundwissen

---

Gewinnen Sie auch den Mut, eine Verhandlung zu beenden, wenn von unfairen Taktiken nicht abgesehen wird

Nicht immer ist Flucht Feigheit. (Napoleon nannte sie den einzigen Sieg über die Frauen.)

Ergo: Verschaffen Sie sich die Einsicht, daß man auch Abbruchsieger werden kann. Vielleicht kommen die anderen mit günstigen Konditionen von ganz allein wieder

---

Listen Sie auf, mit welchen Verhaltensweisen Sie im Laufe der Verhandlungen Erfolge hatten

Lernen Sie nicht nur aus den eigenen Fehlern, sondern auch aus eigenen Erfolgen

Ergo: Wird Ihre Sammlung von Gegenmaßnahmen auch Ihre Erfolgserlebnisse festhalten

---

Notfalls hart zurückschlagen

Als Boxer im Ring werden Sie Ihrem Gegner nicht mit ausgebreiteten Armen gegenübertreten. Den Wegelagerer können Sie auch kaum mit guten Worten in die Flucht schlagen. Leider gibt es auch in Verhandlungen Menschen, die man nur im Schlagabtausch besiegen kann. Auch dazu kurz ein paar Gedanken:

Scheuen Sie sich nicht:	**Werden Sie nicht unaufmerksam:**
Unmißverständlich sagen, daß man so nicht weiterkäme	Nicht glauben, daß der andere von allein sanfter werde

Es wirkt: auf Härte meist nur gleiche Härte

Bei unmäßigen Forderungen gleiche Forderungen, um zu zeigen, daß man nicht Angst hat	Vor hohen Forderungen zu kapitulieren, macht eine Verhandlung zur Farce

Es wirkt: Möglicherweise heilsam oder klärt, daß Verhandlung hier nicht möglich ist

---

Bei harten Worten oder persönlichen Angriffen um Sachlichkeit bitten	Harte Worte dürfen nicht zu gleichfalls unbotmäßigen Reden führen

Es wirkt: Nur streitfördernd, wenn man sich in Wortgefechte einläßt

---

Kurz erklären, daß man sich nicht auf diese Stufe herabzubegeben dächte	Nicht herabsteigen. Nicht die eigene Würde aufgeben

Es wirkt: Nicht reinigend, wenn man sich im Schmutz wälzt

Abbruch – wenn alles nichts nützt. Man kann auf einen Abschluß verzichten, nicht aber auf Verlust seiner Persönlichkeit

Wer sich demütigen läßt, gewinnt vielleicht einen kleinen Vorteil, verliert aber auf die Dauer sich selbst

Es wirkt: Entwürdigend, Demütigungen hinzunehmen

Vom Umgang mit Blendern und Widerborstigen

Der Grundtenor in unseren Ausführungen ist, wie Sie sahen, die Ruhe und die Sachlichkeit, mit der jeder Verhandelnde versuchen sollte, dazu beizutragen, daß die gegenseitigen Interessen ausgewogen werden. Deshalb bestehen auch keine Bedenken, daß andere bevorteilt sind, wenn sie die gleichen Regeln lernen wie Sie. Im Gegenteil, es wäre gut, wenn alle Verhandelnden sich an die Spielregeln hielten, dann würde Lauterkeit die Arbeit steuern und nur die Sache selbst und die Persönlichkeit derer wirken und für alle vorteilhafte Angebote besprochen werden. Solange wir es aber auch mit „anderen" zu tun haben, müssen Sie es lernen, auch mit diesen fertig zu werden.

Richtiges Verhalten:	**Falsches Verhalten:**
Aufmerksamkeit ist am Platze, wenn zunächst ein harter Mann auftritt, dem ein „weicher" folgt, der dann die eigentlichen Forderungen durchzusetzen sucht	Es ist genauso falsch, bei dieser gut/böse-Technik, sich dem harten zu beugen wie auch dem weichen zu erliegen

Vielmehr: Lassen Sie den ersten aussprechen und sein Pulver verschießen und legen Sie dann Ihre Verhandlungskraft auf den anderen

---

Sich nicht von in schneller Folge vorgetragenen Argumenten über den Haufen rennen lassen	Die Schnelligkeit und Dichtigkeit der Folge vorgetragener Argumente darf nicht für Beweise gehalten werden

Vielmehr: Halten Sie die Ausführungen (notfalls schriftlich) fest und brechen Sie einem Argument nach dem anderen den Stachel ab, als ob Sie einen Kaktus rupften

---

Vorsicht vor glänzenden Angeboten. Ein einmalig niedriger Preis kann durch Zuschläge und Extras bald das normale Mittel übersteigen

Nicht eher auf ein günstiges Angebot eingehen, bis daß Sie sich vergewisserten, es kommen keine Sonderforderungen

Vielmehr: Besonders aufmerksam prüfen, wenn etwas zu günstig ist. Sie wissen: Es verschenkt niemand etwas

---

Sind Verhandlungen weit gediehen und Sie auf der Verliererstraße, machen Sie ein Angebot, das die anderen einfach nicht annehmen können

Nicht resignieren, wenn Sie glauben, nicht zurückzukönnen. Der Notausstieg ist ein unannehmbares Angebot

Vielmehr: Als sich zu ergeben, läßt sich noch ein gutes Ergebnis herausarbeiten, wenn der andere glaubt, schon am Ziel zu sein

---

Kommen unannehmbare Forderungen von den Partnern, ziehen Sie sich hinter eine Autorität zurück

Abbruch auf anderer unannehmbarer Forderungen kann vermieden werden, wenn man Rückfragen vorschiebt

Vielmehr: Als die Verhandlung platzen zu lassen, gewinnt man Zeit zum Denken – und der andere, um seine Forderung zu reduzieren

---

Aus Kapitel 9 bitte besonders gut einprägen:

- Zeigen Sie kein geringschätziges Verhalten und verletzen Sie nicht das Geltungsbedürfnis Ihrer Vertragspartner.
- Seine Stimmungen nicht von seinem Gesicht ablesen lassen – Würde zeigen.
- Offen lassen, daß beide Recht haben könnten.
- Geringfügigkeit von Meinungsverschiedenheiten betonen.
- Sich Informationen über die Person und die Firma des Gesprächspartners beschaffen oder von ihm selbst geben lassen.
- Mut zum Beenden aufbringen, wenn unzumutbare Forderungen aufkommen oder das Niveau absinkt.
- Sich nicht auf Streitereien, Wortgefechte einlassen.
- Bedenken, daß schnelle Folge von Aussagen an sich noch nicht Beweiskraft haben.
- Sich notfalls hinter Autoritäten zurückziehen, Rückfragen vorschützen.
- Auf andere Wege von Lösungsmöglichkeiten hinweisen.

10. KAPITEL

Seinen Preis halten – oder Konzessionen machen?

Hauptregel

Angebot und Nachfrage nach Konzessionen kosten besonders hohe Vorbereitung und Aufmerksamkeit in der Verhandlung und sind unter dem Gesichtswinkel des Nutzens für die eigenen Absichten vorzugsweise so vorzubringen, daß mit kleineren Zugeständnissen das eigene große Ziel erreicht wird.

Nehmen Sie es nicht ganz so wörtlich, wenn in unserer Überschrift vom Preis die Rede ist. Anstelle des Wörtchens Preis könnte auch Forderung stehen. Es geht um das eigentliche Problem der Verhandlung, um den Ausgleich der beiderseitigen Wünsche und Interessen. Die Frage ist also, wie weit man hart auf seinem Standpunkt verharrt und wie weit man nachgibt. Jeder hat seine Vorstellungen darüber, was er erreichen möchte, also sein Verhandlungsziel. Daß man ohne solches Ziel, ohne klare Vorstellung dessen, was man will, in der Verhandlung von vornherein zum unterlegeneren Teil abgestempelt ist, liegt auf der Hand. Nicht ganz so klar wie das, was man will, ist auch bei klügeren Menschen oftmals das, was man nachgeben will. So geschieht es dann auch immer wieder, daß ein geschickter Verhandlungspartner unsere Erwartungen recht stark herunterdrücken kann. Überlegen Sie deshalb mit uns, wie weit Sie zurückgehen können und wann es ratsam ist, hart auf seinen Forderungen zu bestehen. Es heißt also, neben dem „Idealziel", dem, was man maximal erreichen kann, auch ein Minimum festgelegt werden muß, unter das man auf gar keinen Fall heruntergeht.

Wir sollten dabei unterscheiden zwischen den grundsätzlichen Dingen, der großen Linie, die wir in einer Verhandlung verfolgen und den kleinen Dingen, dem weniger Wichtigen am Rande, bei dem man leichter nachgeben kann. Wie weit es geschickt ist, von vornherein einige Forderungen zu stellen, auf die man ohnehin verzichten will, wäre von Fall zu Fall zu überlegen. Ein wenig schmeckt es immer nach jenem Händlerverfahren, bei dem man zunächst auf den Preis 100% aufschlägt, dann 50% heruntergeht und immer noch 50% mehr gewinnt, als der Verkaufsgegenstand im Grunde genommen wert ist. Das kommt so recht in dem Geschichtchen zum Audruck, welches die „Gedanken" eines Händlers so ablaufen läßt:

„Verlangt er hundert, ist die Sache für mich höchstens wert fünfzig; hat sie ihn gekostet zwanzig, biete ich ihm zehn. Wird er jammern und verlangen achtzig, gehe ich auf zwanzig, einigen wir uns zuletzt auf fünfunddreißig, hat er gewonnen fünfzehn und ich gespart am Wert auch fünfzehn, haben wir beide ein gutes Geschäft abgeschlossen."

Beim Verharren wie gleichermaßen Zurücknehmen sollten Fairness und Vernunft walten. Fairness vor allem von seiten dessen, der nachgibt, vielleicht, weil der andere in einer Notlage ist, Vernunft vor allem bei Forderungen, die nicht nur den momentanen Erfolg im Auge haben, sondern auch an spätere Verhandlungen bzw. Geschäfte denken sollte. Schauen wir in das Geschäftsleben, so treffen wir dort stehende Sprechwendungen, die sich nicht selten auf andere Verhandlungssituationen übertragen lassen. Ein beliebtes Wort dieser Art lautet: „Das ist alles (das letzte, das äußerste), was ich tun kann." Nur selten stimmt's, meist ist es nur eine Art von Warnschuß, daß man sich einer Phase härteren Ringens genähert hat. Es zahlt sich dann gerade die gewisse Härte im Bestehen auf Konzessionen aus. Muß eine Forderung des Verhandlungsgegenübers abgelehnt werden, weil sie vielleicht unterhalb des sich selbst gesetzten Verhandlungsminimums liegt, dann wäre es für den Fluß der weiteren Besprechung sehr günstig, Alternativvorschläge bei der Hand zu haben. Und wieder einmal sehen Sie (zum wievielten Male nun schon?), daß von der sorgfältig bedachten Vorbereitung, die viele Möglichkeiten abwägt, viel, wenn nicht alles, abhängt. Ein heikles Kapitel im Zusammenhang mit diesen Betrachtungen sind Versprechungen. So mancher verspricht viel in der Verhandlung und gedenkt von vornherein, es nicht zu halten. Empfohlen werden kann solch unfaire Taktik keinesfalls. Ebenso schlecht sind leichtfertige Versprechungen, von denen man nicht weiß, ob sie gehalten werden können. Das gilt nicht nur für Konzessionen, sondern ebenso für das erste Angebot schlechthin. Die Amerikaner sprechen in diesem Zusammenhang gern von der sogenannten Callgirl-Regel, die etwa zum Ausdruck bringt, daß sich nach dem Geschäft herausstellt, daß die versprochene Leistung in keinem Verhältnis zum geforderten Preis steht. Leiten Sie daraus ab, daß ein hoher Anfangspreis nicht die Garantie für einen besonders hohen Angebotswert ist. Interessant zu wissen ist es auch, daß die zuletzt gemachten Konzessionen oftmals die kostspieliegsten sind. Recht beliebt ist auch das Spiel, eine Konzession mit einem Gegenverlangen zu koppeln. Bekanntestes Beispiel: Ein Preis wird um 5, 10, 20 oder mehr % verringert, je nachdem, welche Menge der Käufer bestellt. Ein anderes Beispiel: Es gibt sich jemand mit einem niedrigen Einkommen zufrieden, wenn er einen „Dauervertrag" bekommt. Ein Pachtzins oder eine Miete wird niedriger angesetzt, wenn die Pacht- oder Mietzeit entsprechend lang ist. Diese wenigen Hinweise mögen Ihnen klarmachen, daß ein kleinerer Nachteil gelegentlich einem größeren Vorteil geopfert werden muß.

Zu solchen Überlegungen gehört die Wertsteigerung. Der augenblickliche (scheinbar zu hohe) Preis wird zu späterem Zeitpunkt vielfach herausgeholt. Das trifft für viele Sammlerobjekte zu. Man denke an bestimmte Briefmarken oder Münzen, auch Aktien. Bei alldem spielen Kenntnisse und Risikofreude eine große Rolle. Es ist, ohne dem Leichtsinn das Wort reden zu wollen, an ein bekanntes Wort zu denken: „Ohne Risiko kein Geschäft!" Vielleicht stimmt es nicht immer, in den meisten Fällen jedoch ist es wahr, daß die größten Geschäfte immer mit dem größten Risiko verbunden sind.

Das allgemeine Verhalten, wenn es um Konzessionen geht

Jeder hat so seine Prinzipien, warum auch nicht, wenn es gute, förderliche, nutzbringende sind. Es gibt auch immer so etwas wie allgemeine Regeln, denen alle, auch wenn es sich nicht um Gesetze oder Normen handelt, weitgehend folgen. So auch bei unserem speziellen Thema der Konzessionen in Verhandlungen. Aber vielleicht kennen Sie dergleichen gar nicht. Dann werden Ihnen unsere Überlegungen die Denkanstöße geben, sich ein Verhalten zuzulegen, aus dem her Sie in Verhandlungssituationen richtig agieren und reagieren.

Tun Sie dieses:	**Lassen Sie jenes:**
Halten Sie die Konzessionen zunächst zurück. Man kommt früh genug mit Forderungen auf Sie zu	Konzessionen nicht sozusagen auf den Tisch legen. Erst mal die Forderungen abwarten

Denn: Wer zu früh, zu schnell oder auch zuviel Konzessionen anbietet, weckt damit gewissermaßen das Verlangen des anderen nach mehr

---

Wenn Sie etwas anbieten, setzen Sie die Forderungen hoch an, wenn Sie etwas einhandeln wollen, tief	Bieten Sie anfangs nicht zu viel, wenn Sie etwas einhandeln wollen. Verlangen Sie nicht zu wenig, wenn Sie etwas anbieten

Denn: Sie verkleinern sich damit selbst den Verhandlungsspielraum, der notwendigerweise wirklich „Raum zum Spiel" geben muß

Bemüht sein, den Gesprächspartner die erste Konzession machen zu lassen	Vermeiden Sie es, die erste Konzession zu machen

Denn: Die erste Konzession ist ein erster Erfolg. Er kann ähnlichen Auftrieb geben wie das erste Tor im Fußball

---

Versuchen Sie herauszufinden, welche Forderungen *insgesamt* der Partner stellt, welche Erwartungen er hegt

Halten Sie Ihre eigenen Forderungen zunächst noch ganz im Hintergrund

Denn: Auf diese Weise wissen Sie sozusagen, welche Karten er in der Hand hat, ohne daß er die Ihren kennt

---

Für jedes Nachgeben dem Partner etwas abverlangen, eine Gegenforderung stellen, ihn etwas tun lassen

Verschenken Sie nichts. Wenn Konzessionen, dann müssen sie auch Ihnen etwas einbringen

Denn: Es ist die seltsame Meinung vieler Menschen, daß das, was nichts kostet, auch nichts wert sein könne

---

Wenn Sie eine Konzession machen, dann betonen Sie das auch. Sagen Sie dem Verhandlungspartner, daß Sie *ihm* damit entgegenkommen

Über Konzessionen, die Sie machen, nicht so schnell hinweggehen. Der andere muß wissen, daß er etwas bekommen hat

Denn: Es soll nicht der Eindruck entstehen, daß Ihr Entgegenkommen eine Selbstverständlichkeit ist

---

Freuen Sie sich auch über kleine Zugeständnisse. Nehmen Sie sie zum Anlaß weiterer Forderungen

Spielen Sie nicht hart „Alles oder nichts!". Auch ein kleiner Gewinn ist ein Gewinn

Denn: Mit zu hohen Forderungen verursacht man leicht einen Verhandlungsstillstand. Viele Kleine sind auch ein Großes

---

Haben Sie den Mut zu eindeutigem „Nein", wenn Forderungen unerfüllbar sind

Nicht herumreden, wenn ein klares Nein die einzig mögliche Antwort ist

Denn: Einer ist am Ende doch unbefriedigt. Können Sie ein versäumtes „Nein" nicht zurückholen, werden Sie es sein

---

Kleinigkeiten können viel ausmachen

Kann ein junger Mann nicht die Angebetete bewegen mitzugehen, um die Briefmarkensammlung zu besichtigen, so ist eine liebevolle Umarmung mit Abschiedskuß vor der Haustür noch besser als ein „Na, dann eben nicht!" mit folgendem Ärger und Entzweiung. Gelingt es einem Verhandelnden nicht, seinem Gesprächspartner Großes abzuringen, dann sollte er sich auch mit Geringerem begnügen. Das ist ja die berühmte Salami-Taktik, sich immer mal eine Scheibe abzuschneiden und auf diese Weise auch die ganze Wurst zu bekommen.

Gerade bei den Nachlässen, Zurücknahmen, Konzessionen ist eine gute Portion diplomatischen Geschickes nötig, um zu seinem Ziel zu kommen.

Richtig:	**Falsch:**
Sich nicht laufend kleine Konzessionen abringen lassen. Versuchen, selbst solche zu erhalten	Wer sich laufend zum Nachgeben drängen läßt, vergrößert damit auch fernere Ansprüche des Gegenübers

Es ist einzusehen: Die Addition vieler kleiner Konzessionen bringt schließlich die große Summe auf einer Seite

---

Keine oder zu wenig Zugeständnisse machen zu wollen, ist auch ungeschickt	Nicht hart alle Forderungen an sich abprallen lassen oder die Ohen verschließen

Es ist einzusehen: Wer gar nichts tun will oder geben möchte, wird auch nichts einhandeln

---

Mit kleinen Vorteilen für den Partner den eigenen großen anzustreben versuchen. Kleinigkeiten zugestehen	Keinerlei Zugeständnisse bringen kurz über lang die Verhandlung zum Erliegen

Es ist einzusehen: Dem Partner ist sein kleiner Vorteil wichtiger als Ihr großer. Bekommt er seine kleinen Vorteile, so können Sie die großen mitunter für sich anbahnen

---

In den für Sie nebensächlichen oder weniger wichtigen Punkten Konzessionen anbieten. Das für Sie Wichtige (scheinbar) hintenanstellen

Verlieren Sie nicht Ihr großes Ziel aus den Augen, aber stellen Sie dem Partner die kleinen Konzessionen als große dar

Es ist einzusehen: Wenn ein Verhandlungspartner glaubt, für sich einiges gewonnen zu haben, wird er unaufmerksamer demgegenüber, was Sie gewinnen wollen

---

Bei aller Fürsprache für die Zufriedenheit an kleinen Nachlässen, darf die Bescheidenheit nicht zu Verlusten führen

Wer zu deutlich auf Bescheidenheit arbeitet, muß damit rechnen, daß der andere um so unverschämter wird

Es ist einzusehen: Daß ein harter Verhandlungspartner rücksichtslos jede Schwäche ausnützt

---

Nehmen Sie Konzessionen dankbar an, doch überlegen Sie, welchen Wert sie für Sie haben

Jubelausbrüche für jede kleine Konzession sind zu vermeiden. Erst überlegen, warum man Ihnen entgegenkam

Es ist einzusehen: Jeder sucht seinen Vorteil. Wenn einer etwas bietet, erwartet er dafür auch eine Gegenleistung, die oft über dem Gebotenen liegt

---

Wahlmöglichkeiten und Alternativvorschläge

Viele Menschen machen es sich mit einer Art Schwarzweiß-Denkweise zu einfach. Es gibt eben nicht immer nur zwei Möglichkeiten und bestenfalls noch den berühmten (oft gar nicht so goldenen) Mittelweg. Gerade im kulturellen Leben gibt es oft eine Vielzahl von Wahlmöglichkeiten. Denken Sie an die verschiedenen Kunstrichtungen oder an die unterschiedlichen Hobbys. Oft sind vielerlei Wahlmöglichkeiten gegeben, dann sollte man sie ausnützen. Man kann sagen, daß das gerade die Verhandlung ausmacht, eine Wahlmöglichkeit zu finden, die allen Beteiligten gerecht wird. Nicht ja oder nein, sondern: Wie, wann, wo, wieviel...?

Bejahen Sie:	**Verneinen Sie:**
Wieder einmal sei geraten zu denken, bevor gesprochen wird. Manches Wissen kommt uns erst nach der Verhandlung in den Sinn	Wer vorschnell Konzessionen macht, vernachlässigt sein Denken, das ihm bessere Möglichkeiten herbeibringen kann

Es wirkt: Die Zeit, die man dem Denken widmet, klärend auf die Einsicht in verschiedene Möglichkeiten ein

---

Wenn Sie Forderungen nach Konzessionen erwarten, verschiedene Möglichkeiten ausarbeiten	Entweder-Oder-Alternativen möglichst vermeiden. Größere Auswahl bieten

Es wirkt: Immer großzügiger, wenn man dem anderen zeigt, daß man verschiedene Vorschläge für ihn durchdacht hat

---

Dem Partner goldene Brücken zu bauen heißt, ihm die Wahl zwischen verschiedenen Forderungen lassen	Forderungen ohne Wahlmöglichkeit rufen bei Verhandelnden die Gefühle des in die Ecke gedrängten Kämpfers hervor

Es wirkt: Negativ auf Sie zurück, wenn jemand so in die Enge getrieben wird, daß er sich nur noch mit Gewalt freikämpfen kann

Auch bei Konzessionsverweigerung die Ruhe bewahren, den anderen bitten, er möge seine Ansicht nochmals überprüfen

Gerade dann, wenn Sie den Partner zum Kuckuck wünschen, darf das nicht in Ihrer Taktik zum Ausdruck kommen

Es wirkt: Wie eine verlorene Schlacht, wenn man laut, unhöflich oder gar grob wird

---

Vertrauen ist gut. Gepaart mit Aufmerksamkeit bei Konzessionen und Alternativvorschlägen ist es noch besser

Vertrauensseligkeit ist fast immer schlecht. Der andere hat nun einmal auch (zu akzeptierende) Forderungen

Es wirkt: Nachteilig, wenn man zu schnell zugreift. Zuvor sollte getestet sein, was der andere wirklich will

---

Darauf bestehen, daß Wahlmöglichkeiten geboten werden

Niemals zu schnell das erste Angebot akzeptieren

Es wirkt: Töricht, wenn man zu schnell zugreift / es sei denn, der andere ist noch törichter mit seinem Angebot gewesen

---

Bei Wahl darauf achten, welche Konzessionen Sie Ihrem Ziel wirklich näherbringen

Nicht das verlockendste Angebot ohne gründliche Prüfung aufgreifen

Es wirkt: Manche Konzession sehr verlockend. Später stellt sich heraus, daß die Gegenforderung mehr Nachteile einbringt

---

Die letzte Konzession kann die teuerste sein

Es ist recht verwunderlich, daß in den namhaften Büchern über Verhandlungstechniken in deutscher Sprache das Stichwort „Konzession" gar nicht auftaucht. Man wird schon wieder an Preußens Gloria erinnert, die ihren Soldaten nur beibrachte, wie man vorwärts geht, es aber unter ihrer Würde fand, auch den geordneten Rückzug zu trainieren.

Wir haben Ihnen hier noch einige Gedanken zusammengetragen, die Sie beherzigen sollten, wenn Sie verhandeln. Niemand kann nur nehmen, obwohl es immer wieder einige versuchen. Niemand vermag aber auch nur zu geben. Nur ein Lump gibt mehr als er hat! sagt ein Sprichwort. Gleichen Sie aus. Machen Sie Zugeständnisse, bestehen Sie aber auch darauf, daß Ihnen Konzessionen gemacht werden.

Ihre Haltung:	**Nicht Ihre Haltung:**
Geduld ist die Tugend, die mit der Ungeduld fertig wird. Der Verhandlungspartner, der ungeduldig auf Abschluß drängt, unterliegt zumeist	Zeigen Sie nicht zu deutlich, daß Sie nun endlich abschließen wollen. Man könnte Ihnen sonst eine teure Konzession abfordern

Darum: Die Dinge reifen lassen, eher warten, bis der andere Ungeduld zeigt und vielleicht eine zuvor hohe Forderung etwas zurücknehmen, damit für den anderen das Gefühl eines Gewinnes erscheint

---

Es gibt recht billige Konzessionen. Eine ist die, dem anderen aufmerksam zuzuhören	Unterschätzen Sie die Wirkung des Interesses nicht, das Sie anderen deutlich zeigen

Darum: Bleiben Sie immer offen den Ausführungen der anderen gegenüber. Auch wenn Sie deren Verlangen nicht voll erfüllen, gewinnt man den Eindruck, daß Sie die äußerste Konzession machen

---

Keine Bange haben, eine Konzession auch mal zurückzunehmen, wenn keine Gegenleistung dafür offeriert wird

Konzessionen nicht verschenken. Sie sind vielmehr so vorzutragen, daß sie deutlich einen Austausch von Interessen bedeuten

Darum: Sich von einem Zugeständnis wieder zurückziehen, wenn der Verhandlungspartner es nicht honorieren will

---

Achten Sie auf die Selbstverständlichkeiten. Wenn es üblich ist, ein Jahr Garantie zu geben, dann ist das keine Konzession, auch wenn der andere zunächst nur $^1/_2$ Jahr anbot

Ohne Kenntnis der Angebote vergleichbarer Mitbewerber des Verhandlungspartners in das Gespräch zu gehen heißt, Vorbereitungsmaßnahmen zu mißachten

Darum: Untersuchen Sie vor der Aussprache, was man üblicherweise zugesteht, damit Sie den Wert derartiger Konzessionen nicht überschätzen

---

Als Käufer oder Erwartender müssen Sie dem Verkäufer etc. klarmachen, welche Vorteile für die Zukunft er von seiner Konzession hat

Der Kunde ist (man mag es bedauern) nicht mehr König. Erwarten Sie als vermeintlicher Laufkunde nicht Zugeständnisse wie man sie Stammkunden macht

Darum: Spielen Sie beispielsweise die Kundentreue, das Wiederkommen aus. Überlegen sie, was den Geschäftsmann veranlassen könnte, Ihnen entgegenzukommen

---

Als Verkäufer untersuchen Sie, welche Zugeständisse von Mitbewerbern nicht gemacht werden. Vielleicht können Sie sie bieten

Als Verkäufer nur das zu bieten, was auch die Mitbewerber offerieren, kann Sie nicht herausheben

Darum: Muß dem, der mit Ihnen in Geschäftsbeziehungen tritt, schnell deutlich werden, daß er damit besser bedient wird (mehr Nutzen einhandelt), als wenn er zum Mitbewerber geht

---

Besonders Merkenswertes aus Kapitel 10

- Nicht zu schnell oder zu viele Konzessionen anbieten, den anderen die erste Konzession abfordern.
- Verhandlungsspielraum groß genug bemessen und beim Konzessionsangebot zu nutzen suchen.
- Versuchen, gleich anfangs die Gesamtforderungen des Partners herauszufinden.
- Für jede Konzession etwas verlangen, was nichts kostet, ist nicht viel wert.
- Deutlich herausstreichen (darauf hinweisen), wenn man eine Konzession gemacht hat.
- In kleineren Dingen Konzessionen machen, wenn man dabei größere Vorteile an der Hauptsache heraushandelt.
- Durch Angebot einer Konzessionsauswahl dem anderen die eigene Großzügigkeit zeigen.
- Ruhe bewahren, wenn eine geforderte Konzession verweigert wird.
- Sich immer vor Augen stellen, welche der auszuhandelnden Konzessionen dem eigenen Ziel näherführt.
- Zuhören ist eine Konzession, die kein Geld kostet,aber viel an Aussagen des anderen einbringt und ihn uns gegenüber aufgeschlossener macht.

11. KAPITEL

Vom Fluß der Verhandlung – oder: Wenn die Situation festzufahren droht

Hauptregel

Wenn Stockungen drohen oder gar schon eingetreten sind, keinesfalls die Initiative aus der Hand geben, sondern mit Ausdauer, Humor und gezielten Fragen versuchen, den Verhandlungsteilnehmern vor Augen zu stellen, wie gut bisher alles ging und welche Vorteile schon erarbeitet wurden.

Solange die Verhandlung läuft und läuft und sich dabei auch ihrem Ziel, dem Abschluß nähert, ist alles offen. Gefahr droht, wenn sie ins Stocken gerät und gar der Stillstand bevorsteht. Dann die Dinge wieder in Fluß zu bringen, gehört zum Verhandlungsgeschick, zur Technik gut Verhandelnder. Meistens handelt es sich bei Stockungen darum, daß weitere Konzessionen verweigert werden oder es gab Differenzen, die, außer im sachlichen Bereich, auch recht persönliche Züge haben können. Das heißt, so weit sollte es der geschickt Taktierende gar nicht erst kommen lassen. Mitunter kam es zu einer solchen Stockung, weil einer der Partner, ohne daß für den anderen ein offensichtlicher Grund dafür bestand, die bereits gemachten Zusagen wieder zurücknimmt. Es ist ihm dann vielleicht plötzlich eingefallen, daß seine Frau nicht einverstanden sein könnte oder im Betrieb man von vorgesetzter Seite sein Verhalten mißbilligen würde. Nun kämpft der andere Partner gegen einen „Geistgegner", eben den nicht anwesenden Vorgesetzten oder Ehepartner (was manchmal auch dasselbe sein soll). Besonders schwierig ist es, wenn mehrere Verhandlungspartner einander gegenübersitzen. Dann werden in einem Team mit einem Male „geheime" Blicke gewechselt oder die Taktik vom netten und vom bösen Mann eingesetzt, wobei der bisher so zugängliche Sprachführer einem seiner „Mitarbeiter" das Wort gibt und dieser die Verhandlung mit verschärften Forderungen weiterführt, oder es doch zumindest versucht. Ebenso gibt es aber auch in jedem längeren Rennen den berüchtigten toten Punkt, die Ermüdung, die es verhindern, daß man weiter vorwärts kommt. Daraus ergibt sich schon, daß auch Verhandlungszeiten nicht unbegrenzt angesetzt werden würden. Ein bekanntes Scherzwort sagt: Man kann über alles reden, nur nicht über 45 Minuten. Vielleicht gilt das in Verhandlungen nicht so streng, jedenfalls was die Gesamtdauer angeht. Vom einzelnen Sprecher erwartet man hingegen kurze Aussagen und dann die Pause, die dem Angesprochenen Gelegenheit zur Gegendarstellung gibt. Kommt die Ermüdung, dann gehen auch Gedanken verloren. Mit dem Wechsel der Gangart, des Verhandlungsgebarens oder aber der Tätigkeit schlechthin läßt sich die Runde vielleicht wieder ermuntern. Mitunter ist es ganz einfach die Pause, die fehlt. Oft ist ja einer der Teilnehmer so stark engagiert, daß er nicht merkt, wie den anderen die Kinnladen herunterfallen oder der Rest der Mannschaft geradezu nach einer Erfrischung lechzt. Eine weitere Quelle von Verhandlungsstockungen sind sture Partner, denen gelegentlich etwas Pfeffer unter den Sitz gestreut werden muß. Wieder zu anderer Gelegenheit gerät man in Sackgassen, aus denen es keinen Ausweg zu geben scheint. Jeder der Verhandelnden hat sich in eine, seine, Meinung verbissen und es bedarf jetzt erst eines neutralen Schiedsrichters, um den Beißkrampf zu lösen.

Es gibt dazu noch die Situation, daß so viele Informationen auf den Tisch geworfen wurden, daß sich nunmehr keiner der Verhandlungspartner mehr durchfindet. Die Ideen ballen sich, der gordische Knoten ist kaum noch zu entwirren, alles wartet auf das lösende Schwert.

Wer vielfach in Verhandlungen sitzt, kennt solche Situationen und sucht nach den Wegen, die aus ihnen herausführen. Wir bemühten uns hier, Ihnen zusammenzustellen, was zu tun ist, wenn eine derartige Situation eintritt, bzw. wie man es von vornherein vermeidet, daß es überhaupt soweit kommt.

Manchmal liegt es auch am unbrauchbaren Partner, also einem Mitverhandelnden auf der eigenen Seite. Eigentore sind auch in Verhandlungen durchaus nichts seltenes. Vielleicht hat es aber die Gegenseite auch darauf angelegt, daß die Stimmung durchaus kühl bleibt. Von Unterhändlern in einem Waffenstillstandsvertrag kann man z.B. nur selten herzliche Gefühle für den Kriegsgegner erwarten. Kriege aber gibt es auch auf wirtschaftlichem und privatem Sektor. In einer lahmen Verhandlung ist es mitunter nötig, ein Feuerwerk von Einfällen abzuschießen, damit die ganze Teilnehmerschaft nicht einschläft. Es lohnt sich also sicherlich, wenn wir uns hier in diesem Kapitel ganz speziell mit den Situationen befassen, in denen ein Gespräch festzufahren droht.

Die Gefahr ist um so größer, je weniger Engagement ein oder gar beide Partner ins Gespräch bringen. Sind beide nur Abgeordnete, die im Auftrag von Vorgesetzten sprechen, dann wird die persönliche Anteilnahme wahrscheinlich um einiges geringer sein, als wenn es um den unmittelbaren persönlichen Nutzen geht. Das ist ja gerade der Vorteil des einzelnen, der es mit einer großen Firma zu tun hat, daß er mit persönlichem Einsatz manches an Routine ausgleichen kann, was den „Angestellten" kennzeichnet. Das zeigt uns aber auch deutlich, warum Vertreter oder Verkäufer, die vorzugsweise auf Provisionsbasis arbeiten, so einen großen Schwung entwickeln. Es geht dort ja um die Pfennige, die man unmittelbar darauf in der eigenen Börse sieht.

Ob materielle Werte gewonnen werden sollen oder ob es um andere Gewinnmöglichkeiten geht, in der Verhandlung, aus der Sie einen Nutzen ziehen wollen, sollte alles solange im Fluß bleiben, bis der Abschluß getätigt ist.

Wenn der Stillstand droht

Stockungen kosten Zeit. Für manchen arbeitet die Zeit, dem anderen wirkt sie entgegen. Sie werden zu überprüfen haben, ob Verzögerung bis hin zum Stillstand Ihrer Sache dienlich ist. Wenn ja, selbstverständlich, werden Sie nichts unternehmen, um dagegen zu wirken. Meist ist Stillstand hingegen keinesfalls beabsichtigt und schadet allen Beteiligten. Dann gilt es, ihn abzuwenden oder, wenn schon eingetreten, ihn schnellstens zu beseitigen.

Probieren Sie es mit unseren Ratschlägen und erdenken Sie sich selbst weitere Möglichkeiten hinzu. Überlassen Sie es möglichst nicht dem Verhandlungspartner, die Initiative zu ergreifen und so die Zügel der Verhandlung in die Hand zu nehmen.

Entwickeln Sie:	**Beseitigen Sie:**
Humor ist eines der besten Vorbeugungsmittel gegen den Verhandlungsstillstand	Je ernster und verbissener die Verhandlungsatmosphäre, desto größer die Gefahr von Stockungen

Selbstverständlich: Werden Sie versuchen, durch ein gelegentlich heiteres Wort (nicht verwechseln mit platten Witzen) das Gespräch locker zu halten

Ist es bekannt, daß anwesende Verhandlungspartner „schwierig" sind, versuchen, ein paar launige Bemerkungen parat zu halten	Nehmen Sie sich nicht vor, den schwierigen Teilnehmern „mal zu zeigen, was eine Harke ist"

Selbstverständlich: Wappnen Sie sich gerade dann, wenn Sie Schwierigkeiten erwarten, mit einer guten Portion Humor

Ausdauer ist eine gute Eigenschaft in Verhandlungen, die sich lange hinziehen. Entwickeln Sie Standvermögen

Schnelle Ermüdung ist eine der häufigsten Ursachen für schleppenden Verhandlungsverlauf

Selbstverständlich: Werden Sie möglichen Einfluß darauf geltend machen, daß Verhandlungsdauer, Zeiteinteilung und Umstände nicht zur Ermüdung der Verhandlungsbeteiligten führen

---

Wer die leiblichen Bedürfnisse beherrscht anstatt von ihnen beherrscht zu werden, geht besser vorbereitet in Verhandlungen

Wer von Hunger- und Durstgefühlen geplagt wird oder nur glaubt, daß er unbedingt etwas essen oder trinken müsse, ist im Nachteil

Selbstverständlich: Werden Sie gesättigt, ohne überfüllt zu sein, in die Verhandlung gehen oder dafür sorgen, daß Erfrischungen kulinarischer Art greifbar sind

---

Das rechte Gefühl für die Zeitdauer spielt in die vorgenannten Punkte mit hinein

Irgendwann lassen jedermanns Kräfte nach. Man kann nicht oder doch nicht gut bis in die tiefe Nacht hinein verhandeln

Selbstverständlich: Werden Sie, wenn es in Ihrer Macht steht, die Tagungszeit einigermaßen „zivilisiert" gestalten

---

Manche Verhandlung ist zwar voller Reden, niemand weiß hingegen, wo man steht. Erwägen Sie Fortschrittskontrollen

Um die Dinge herumzureden bringt nichts ein. Bewegung soll auf ein Ziel führen. Eine Kontrolle ist unentbehrlich

Selbstverständlich: Werden Sie hin und wieder zu kontrollieren trachten, was nun eigentlich bis zu diesem Zeitpunkt erreicht wurde. Sonst kommt es zur plötzlichen Stockung, in der gefragt wird, wozu man überhaupt beisammensäße

---

Kleinigkeiten, die den Karren wieder flottmachen können

Oft genügt es bereits, eine Kleinigkeit zu verändern und eine Verhandlung, die schon festzufahren drohte, kommt wieder in Gang. Wir haben Ihnen solche Möglichkeiten in der bewährten Weise unten zusammengestellt. Denkbar, daß aus der ganzen Reihe auf Ihren besonderen Fall nicht einer der Punkte angewendet werden kann. Die Praxis erwies jedoch, daß es eine große Zahl von Verhandlungssituationen gibt, in denen diese Hinweise sehr guten Nutzen bieten. Recht ratsam für Sie ist es, sich aus den hier gegebenen Tips Auszüge in Form von kleinen Checklisten zusammenzustellen, die Ihre besonderen Belange betont herausheben.

Überprüfen Sie:	**Haben Sie Verständnis für:**
Es muß nicht immer der unannehmbare Preis sein, der Schwierigkeiten macht. Vielleicht sind es in Wahrheit nur die Zahlungsbedingungen	Mancher schiebt den hohen Preis vor, wenn ihm nur daran liegt, zu günstigerer Zahlungsweise zu kommen

Dann werden Sie: Überlegen, wie sich die Zahlungsart verändern läßt, welche „günstigeren" Bedingungen Sie bieten können

---

Vielleicht ist es ein Mitarbeiter Ihres Teams, der sich beim Verhandlungsgegner unbeliebt gemacht hat	Es gibt wirklich so etwas wie die Nase, die einem anderen nicht paßt

Dann werden Sie: Die Nase wechseln, d.h. einen anderen Mitarbeiter mit der Verhandlungsführung betrauen

---

Eine kleine Nebenbedingung gefällt dem Partner auf der anderen Seite nicht gut	Pars pro toto gilt auch in manchen Verhandlungen, d.h. der Teil wird für das Ganze genommen

Dann werden Sie: Auf den kleinen Vorteil verzichten, um im Großen voranzukommen

---

Es könnte an der Tagesordnung liegen, mancher hätte eine andere Zeiteinteilung bevorzugt. Neue Zeiteinteilung entwickeln

Die Einteilung der Zeit entsprechend der Wünsche des anderen kann gewöhnlich zu den kleinen Konzessionen gezählt werden

Dann werden Sie: Zugunsten des Verhandlungsflusses die Zeit den Wünschen entsprechend unterteilen, vielleicht sogar die Tagesordnung ganz umstellen

---

Vielleicht ist es einem motorischen Typ nur unmöglich, solange stillzusitzen. Sie sollten ihm Bewegung verschaffen

„Unruhige Geister" brauchen ab und zu etwas Bewegung, sonst werden sie nervös. Mancher hat eben kein „Sitzfleisch"

Dann werden Sie: Des öfteren eine Pause oder einen Stehkonvent einlegen. Man kann auch zu einer Demonstration an die Stehtafel bitten

---

Aufmerksamkeit erweckende Mittel in großem Umfange einsetzen. Blick- oder Denkfänge einsetzen

Auch der Geistesheroe schaltet mal ab, ist in Gedanken ganz woanders. Es geht etwas an seinem Ohr vorbei

Dann werden Sie: Ohne Mißmut wichtige Punkte nochmals in Erinnerung rufen und ihre Ausführungen mit anderen Worten oder Demonstrationsmaterial wiederholen

---

Immer in Erinnerung halten, was bisher schon erreicht worden ist

Die allgemeine Vergeßlichkeit ist eine weit verbreitete Seuche

Dann werden Sie: Ebenfalls zwischendurch zusammenfassend wiederholen, was bisher schon an Gemeinsamkeiten erarbeitet wurde

---

Es kann gelegentlich gut sein, einen Vermittler zur Aussprache hinzuzurufen

Sind sich zwei wirklich in die Haare geraten, so fällt es ihnen schwer, wieder freundlich zu sein

Dann werden Sie: Einen Dritten um Vermittlung bitten, um so mehr, wenn Sie selbst einer von den Erstgenannten sind

---

Es kann recht geschickt sein, an Stockungsstellen eine kleine Konzession zu machen

Jeder möchte in der Verhandlung gelegentlich das Gefühl haben, daß er seinem Ziel näherkomme

Dann werden Sie: Mit einem kleinen Zugeständnis dem anderen etwas entgegenkommen, um selbst Boden für Forderungen zu gewinnen

---

Darauf achten, daß niemand aus der Runde, aus dem Gespräch ausgeschlossen wird

Fühlt sich jemand in die Ecke gedrängt, so wird er nichts zum Fluß der Verhandlung beitragen

Dann werden Sie: Sofort versuchen, daß der Außenstehende wieder ins Gespräch kommt, in die Gemeinschaft aufgenommen wird (z.B. um seine Stellungnahme bitten)

Entschlossenheit, einen nicht kompetenten Mann zu umgehen, ist mitunter nicht zu vermeiden

Fehlt einem die Befugnis, kann er nichts zubilligen, so kann er auch nicht gut verhandeln

Dann werden Sie: In diesem Ausnahmefall versuchen, an den Vorgesetzten bzw. die nächsthöhere Instanz zu gelangen

---

Sie sollten die Fähigkeit haben, überall verhandeln zu können und sich nicht von der Umgebung negativ beeinflussen zu lassen

Manche Menschen fühlen sich in bestimmter Umgebung nicht wohl (vielleicht ohne es zu merken) und blockieren das Gespräch

Dann werden Sie: Versuchen, einen geeigneteren Raum für die Fortsetzung des Gespräches zu finden, den Standort zu wechseln

---

Für den Verhandelnden ist es gut, weitgehend unabhängig in seinen Entscheidungen zu sein und selbst das Ziel zu setzen

Manche Verhandelnde sind von ihrem Ehepartner oder beruflichen Vorgesetzten gehalten, Bedingungen einzuhalten

Dann werden Sie: Versuchen, alle die an den Verhandlungstisch zu bringen, die zum Abschluß das entscheidende Wort sprechen können

---

Ideen – Prinzipien – Stimmungen in Verhandlungen

Daß der Fluß eines Gespräches stocken muß, wenn die Gedanken versiegen, sehen nur diejenigen nicht ein, die dauernd daherschwätzen können ohne dabei Wesentliches auszusagen. Sie sind auch in Verhandlungen nicht gar so selten. Daß aber der Fluß auch stocken kann, wenn zuviel Ideen auf dem Tisch liegen, ist schon schwieriger zu verstehen. Es ist aber einzusehen, wenn man sich das Bild dessen vorstellt, der vor einem Schreibtisch sitzt, der mit den verschiedensten, zu bearbeitenden Papieren überhäuft ist. Wo anfangen, wo aufhören?

Schließlich können auch Stimmungen auf Fluß oder Stockung in der Verhandlung einwirken, wie schon in den vorangehenden Abschnitten zum Ausdruck kam.

Sie sollten:	**Sie sollten besser nicht:**
Bitten Sie den Gesprächspartner darum, seine Ausführungen in kurzen Sätzen (zusammenfassend) zu wiederholen	Wenn eine Stockung auftritt, ist dringend davon abzuraten, in lange Monologe zu verfallen und damit weitere Langeweile heraufzubeschwören

Es ergibt sich: Der andere wird veranlaßt, seine Gedanken nochmals zu wiederholen, vielleicht findet er oder finden Sie den Punkt, an dem dann wieder angeknüpft werden kann

Wenn Ihnen eine Behauptung den Atem verschlägt, so verlangen Sie Beweise. Gab der Sprecher schon welche, verlangen Sie mehr	Lassen Sie sich nicht aus dem Konzept bringen oder die Verhandlung stocken, wenn der Gegner hart angreift

Es ergibt sich: Bevor man selbst die Stockung herbeiruft, ist es besser, dem anderen nochmals sorgfältige Beweise abzuverlangen

Sollte der andere sprechen und tut es nicht, dann sofort mit gezielten Fragen ansetzen und konkrete Antworten verlangen

Niemals dem anderen gewissermaßen vorwerfen, daß er wohl jetzt mit seinem Latein am Ende sei

Es ergibt sich: Daß Fragen auch in Stockungssituationen ein hervorragendes taktisches Mittel sind

---

Ist eine Aussage zu umfangreich, so muß sie unterteilt werden. Z.B. wird auf die größere Zahl dargebotener Informationen mit gezielten Fragen nacheinander eingegangen

Weder in Bausch und Bogen einer größeren Zahl von Ideen zustimmen, noch sie generell ablehnen. Nur im einzelnen behandelt, bringt es die Verhandlung weiter

Es ergibt sich: Unterteilung in „mundgerechte" Portionen kann sowohl den Fluß der Verhandlung aufrecht erhalten als auch verhindern, daß man zu schnell unterliegt

---

Ein trainierter Geist verliert so schnell keinen Gedanken. Haben Sie dennoch etwas vergessen, so gehen Sie in Ruhe die letzten Schritte nochmals durch

Nicht in Panik geraten, wenn (vielleicht gerade bei guter Vorbereitung) etwas in Vergessenheit geriet. Verkrampfung führt dann nicht zur Rückerinnerung

Es ergibt sich: In Ruhe die Schritte zurückverfolgen, die zum Vergessenspunkt führten. Meist fällt es einem dann wieder ein

---

Wenn jemand aus „Prinzip" auf seinem Standpunkt verharrt, sollte er gebeten werden, seine Gründe ausführlich darzulegen

Keine Prinzipien lächerlich machen, zu erforschen suchen, was dahinter steckt. Lassen Sie den anderen überlegen

Es ergibt sich: Mit der Anleitung, über seinen Standpunkt nachzudenken und ihn zu belegen, kommt die Verhandlung wieder in Fluß

Eine straffe Verhandlungsführung, bei der immer wieder kurze Zusammenfassungen zeigen, wie der Fluß der Verhandlungen die Wünsche voranbringt, wirkt drohender Auflösung entgegen

Lassen Sie es nicht auf Auflösungserscheinungen ankommen. Es kann dazu kommen, wenn man den Dingen einfach ihren Lauf läßt und sich nicht um das schon Erreichte weiter kümmert

Es ergibt sich: Fehlt die Leitung und die Übersicht, so zeigen sich möglicherweise Auflösungserscheinungen, denen durch Zusammenfassungen (Erinnerungen) vorgebeugt werden kann

---

Achten Sie auf die Blicke. Gehen sie bedeutungsvoll zur Decke oder kopfnickend zu einem anderen Partner, so mangelt es an Konzentration

Lassen Sie keinesfalls die Konzentration außer acht. Abschweifende Blicke deuten bereits einen Konzentrationsverlust an

Es ergibt sich: Wenn äußere Zeichen des Konzentrationsmangels auftreten, dem durch Darstellung von etwas Wichtigen entgegenwirken

---

Wenn Differenzen drohen und nicht zu beseitigen sind, nach dem Mittelweg suchen, eine Teilung der Interessen anstreben

Bevor zu große Meinungsverschiedenheiten auftreten, zu einer Kompromißlösung zu kommen versuchen

Es ergibt sich: Wenn man nicht auf Abschluß verzichten will (oder kann), so bleibt nur der Kompromiß, eine Teilung der Interessen. Verzögerung fruchtet nichts

---

So wie man den gestrigen Tag nicht zurückholen kann, geht es auch nicht an, über gestrige Zugeständnisse zu wehklagen. Weisen Sie besser den anderen auf Ihre Großzügigkeit hin

Nicht sagen, daß es Ihnen leid tut, gestern eine Konzession gemacht zu haben. Es macht die heutigen Verhandlungen schwerflüssiger

Es ergibt sich: Daß man auch in Verhandlungen im Heute, im Augenblick leben muß

Dumm stellen kann recht klug sein. Es ist eine Taktik, sich dann, wenn man in Schwierigkeiten gerät, etwas noch genauer erklären zu lassen

Schützen Sie Unverständnis nicht vor, wenn offensichtlich ist, daß Sie sehr gut verstanden haben. Ihre Taktik würde dann zu leicht durchschaut

Es ergibt sich: Wenn es aus schwieriger Situation heraushelfen kann, ohne daß man Ihnen auf die Schliche kommt, kann vorgetäuschtes Unverständnis Überlegungszeit einbringen

---

Auch Zerknirschung ist eine Taktik, die sich gelegentlich gut bewährt. Entscheiden Sie selbst über ihren Einsatz

Immer den Erhabenen und Überlegenen spielen, kann einen sehr schlechten Ruf einbringen

Es ergibt sich: Droht der Verhandlungsfluß aus Ihrem Verschulden zu stokken, kann „der gespielte Sünder" Ihnen die Stimmung wieder geneigter machen

---

Je dunkler die Nacht, desto mehr Aufmerksamkeitswert hat ein Feuerwerk. Schießen Sie ein Gedankenfeuerwerk ab, wenn es über Verhandlungen Nacht zu werden droht

Die altbekannte Konsequenz vom Pulver, das zu früh verschossen wurde, könnte sich auch in Verhandlungen ergeben: Es fehlen einem die Waffen, um den Sieg zu erringen

Es ergibt sich: Daß man sich für die Zeiten eines Verhandlungsstockens einige zündende Gedanken aufheben sollte

---

Halten Sie aus Kapitel 11 besonders fest:

- Mit etwas Humor und einem heiteren Wort läßt sich der Verbissenheit entgegenwirken.
- Bei Entwicklung eigener Ausdauer die Zeiteinteilung so gestalten, daß keine Ermüdungserscheinungen auftreten.
- Ein paar Erfrischungen bereithalten, damit es nicht Hunger- oder Durstgefühle sind, die zu Stockungen führen.
- Mit gezielten Kontrollen ständig den Fluß bzw. Fortgang der Verhandlung überwachen.
- Gerade bei Stockungen nicht auf kleinem Vorteil bestehen, wenn man einen größeren gewinnen kann.
- An bereits Erarbeitetes gelegentlich erinnern, den Anwesenden Erfolge vor die Augen stellen.
- Abseitsstehende durch Fragen in das Gespräch einbeziehen.
- Zusätzliche Beweise verlangen, durch gezieltes Fragen das Gespräch in Gang halten.
- Wenn etwas vergessen wurde, die letzten Schritte in Gedanken zurückverfolgen.
- Die äußeren Umstände (z.B. Verhandlungsraum) ändern, wenn es darüber zu Stockungen gekommen ist.

12. KAPITEL

Faire und unfaire Verhandlungstaktiken und der schmale Pfad zwischen ihnen

Hauptregel

Welche aus der großen Zahl der Taktiken man auch gegen Sie einsetzt oder welche Sie selbst einzusetzen gedenken, bleiben Sie kühl und ruhig, verlangen Sie eindeutige Beweise und verdeutlichen Sie die eigenen Aussagen ebenso. Wenig sprechen, viel denken!

Wenn wir von Taktiken sprechen, müssen wir auch den Begriff Strategie kurz erklären. Clausewitz umschreibt Strategie mit Ökonomie der Kräfte, das gilt auch für Verhandlungen. Im umgangssprachlichen Sinne versteht man unter Strategie die Kriegs- oder Feldherrenkunst. Es geht um die Kenntnis und den Einsatz der vorhandenen Mittel, also mehr oder weniger um den generellen Plan. Das ist in Verhandlungen nicht viel anders, wenngleich wir uns schon darüber klar waren, daß es hier nicht um das Niederkämpfen geht, sondern den Ausgleich der Kräfte. Taktik ist im Kriege die Führung der Truppe auf dem Felde. In der Verhandlung geht es um die Maßnahmen, die unmittelbar in der Verhandlungssituation an der dafür richtigen Stelle eingesetzt werden, um den strategischen Plan zu erfüllen. Sie können in Verhandlungstaktik auch die Fähigkeit sehen, mit den vorhandenen Mitteln Ihre Wünsche ins Ziel zu bringen. Die Strategie ist der großangelegte Plan, der vor allem in den Vorbereitungen festgelegt wird, die Taktik meint den Einsatz der im Plan zurechtgelegten oder als Grundfertigkeiten vorhandenen Mittel im Augenblick der Notwendigkeit.

Jemand hat sich beispielsweise als Strategie zurechtgelegt, den Verhandlungspartner zunächst durch eine Reihe gezielter Fragen aus der Reserve zu locken, ihn zu veranlassen, seine Forderungen und Zugeständnisse gleichsam als Karten offen auf den Tisch zu legen, um sich dann mit einer nach der anderen in Ruhe auseinanderzusetzen. Als Taktik setzt er u.a. ein, zu jeder seiner Ausführungen zunächst deutlich zu sagen, worin der Vorteil für den anderen liegt und wie gerade dadurch wieder einer der zuvor geäußerten Wünsche erfüllt werden könne. Wir wollen uns in diesem Kapitel mit fairen und mit weniger fairen Taktiken beschäftigen. Obwohl es möglicherweise ganz überflüssig ist, betonen wir dabei folgendes: Die fairen Taktiken nennen wir selbstverständlich, damit Sie sich ihrer bedienen, wenn Sie in Verhandlungen stehen. Die unfairen werden besprochen, damit Sie sie erkennen und sich gegen sie wehren können, wenn man versucht, sie gegen Sie einzusetzen.

Jeder wird gelegentlich versucht sein, mit unfairer Taktik zu operieren, das liegt wohl so in der menschlichen Natur. Zu empfehlen ist das auf keinen Fall, es sei denn, Sie sind bereit, das Risiko auf sich zu nehmen, gräßlich auf die Nase zu fallen. Dann könnte man sagen: Auch diese Erfahrung muß man mal gemacht haben. Ich habe festgestellt, daß es oft die stillen und zunächst zurückhaltenden Teilnehmer an Verhandlungen sind, die sehr gut alle Finten und Kniffe kennen und sich mit einem Male sehr energisch zu wehren wissen, wenn ein anderer glaubt, sie mit unfairer Taktik überfahren zu können. Wir wollen hier, wenn von unfairen Taktiken die Rede ist, zugleich die möglichen Gegenmaßnahmen besprechen, damit Sie zur Abwehr gewappnet sind.

Taktik kann schon mit der Begrüßung beginnen. Mit der Art, wie man dem Gesprächspartner gegenübertritt, wird schon versucht, auf ihn einen Einfluß zu nehmen. Da ist z.B. die väterliche Art mit Schulterklopfen und „Na, wir werden schon einen Weg finden!", die den anderen zu einer Art von Gnadenbrotempfänger zu machen versucht. Dann gibt es den Reservierten, der signalisiert: „Nun zeig mal, was Du kannst und zu bieten hast!", mit der er zu verdeutlichen sucht, daß er nicht so leicht rumzukriegen ist.

Taktik kann auch im Gebrauch der Stimme und Sprache liegen. Sie kennen gewiß den Poltergeist, der mit dröhnender Stimme vorab feststellen möchte, daß er hier der Stärkste im ganzen Revier ist und den Ton anzugeben gedenkt. Taktik kann in den Blick gelegt werden. Wer hätte nicht schon das Gefühl gehabt, von einem Gesprächspartner belauert, von einem Blick durchbohrt worden zu sein?

Wenn Sie es genau betrachten, dann kann jedes Wort, jede Geste, jede Verhaltensweise zu einem taktischen Mittel umgeformt bzw. von vornherein als ein solches eingesetzt werden. Nicht übersehen werden darf dabei auch folgendes: Selbst wenn so manches Wort oder der Tonfall Ihrer Stimme, wie unwillkürliche Ausdrücke der Körpersprache, nicht als taktische Mittel bewußt eingesetzt werden, sie haben ihre Wirkung und der Partner kann sie als Taktik auffassen. Deshalb ist es nicht völlig nebensächlich, ob man sich in Fragen der Rhetorik etwas auskennt. Andererseits sagt das nicht, daß jemand, der keine Redeschule durchlaufen ist, nun vom Verhandlungstisch fernbleiben müsse.

Befassen Sie sich besonders aufmerksam mit den Gegenüberstellungen in diesem Kapitel. Hier finden Sie sicherlich auch Einzelpunkte, die leicht in Ihrer Praxis erprobt werden können.

Bluff – Lügen und Verlockungen

Wir alle beteuern zwar hoch und heilig, die besten Absichten zu haben und wenn etwas schiefgegangen ist, daß es dann gewiß an allem anderen, nur nicht an uns liege, kurz, daß wir nur dem Guten zugetan seien. Dennoch kommt die Schlechtigkeit nicht aus der Welt. Was wunder, wenn die Betrachtungen hier zunächst mit einigen Negativa, also unfairen Taktiken beginnen. Sie wissen ja: Nicht als Vorbild oder Ratschlag, sondern nur, damit Sie sich dagegen verwahren, wenn ein anderer daherkommt...

Studieren Sie deshalb besonders aufmerksam die Gegenmaßnahmen.

So wird es versucht:	**Unternehmen Sie dagegen:**
Lautstärke oder die persönliche Beleidigung tritt an die Stelle sachlicher Argumente. Mit groben Worten versucht jemand, den Partner einzuschüchtern	Verbleiben Sie bei Ihrer Taktik. Nehmen Sie gar nicht wahr, daß drüben ein persönlicher Angriff gestartet wurde

Vermutlich: Wird der andere sein Verhalten aufgeben, wenn er merkt, daß es nichts fruchtet, es sei denn, es ist seine generelle Art. Dann bestehen Sie beim nächsten Mal auf einem anderen Partner

---

Aus Lautstärke wird Schreien, jemand versucht, Befehle zu erteilen. Sie haben es vielleicht mit einem emotionellen Ausbruch zu tun	Kann er, darf er? Dann ist wenig zu machen. Sonst schreien Sie mal zurück. Halten Sie einen Schatz grober Formulierungen im Hinterhalt

Vermutlich: Wird der Angreifer erschrecken, wenn er es nicht gewöhnt ist, daß ein anderer seine Mittel benutzt. Mitunter ist er aber auch so zu stoppen: Sie fragen kühl: „Wollen wir uns gegenseitig beleidigen oder sachlich verhandeln?"

Jemand versucht, Ihnen die Fähigkeiten abzustreiten. Sie seien nicht informiert, haben keine Ahnung, sind zu jung, zu alt, irgendwie nicht qualifiziert

Wieder hilft nur Ruhe und Sachlichkeit und eine deutliche Aussage zum Thema, die Ihre Qualifikation beweist

Vermutlich: Bringen Sie in Verbindung mit einem Beweis zur Sache den Angreifer aus dem Konzept, wenn Sie ihn fragen, was denn der persönliche Angriff an Ihrem Beweis ändere

---

Man gaukelt Ihnen eine Wertschätzung vor, will bluffen mit einem derartigen Hinweis: Sie bei Ihrer Erfahrung (Kenntnis, Stellung ...) müßten das doch einsehen

Fangen Sie den Ball etwa so auf: „Gerade durch meine Erfahrung kann ich Ihnen darauf erwidern ...!" – „Es ist ja meine Kenntnis, die mich wissen läßt ...!"

Vermutlich: Wird Ihr Gegenüber nie wieder so argumentieren, wenn er sieht, daß Sie einen Pfeil zum Bumerang umfunktionieren

---

Ein anderer versucht, Sie mit einer Schmeichelei zu verlocken, die meist noch in stark übertriebene Höflichkeit verpackt ist: „Sie sind doch ein klug denkender Mensch, so haben Sie doch bitte liebenswürdigerweise die Einsicht ...!"

Schlucken Sie es nicht wie Öl. Lachen Sie lieber und setzen Sie ein Scherzwort ein: „Besten Dank für die Blumen, ich wünschte, ich wäre so klug, doch aus meiner Unklugheit heraus ...!"

Vermutlich: Verschlägt es dem unfairen Taktiker die Sprache. Mit solcher Offenheit rechnet er nicht. Er wird es sich besser überlegen, bevor er ähnliches ausspricht

---

Jemand wirft Ihnen einen alten Fehler vor und schließt daraus, daß Sie auch diesmal unmöglich Recht haben können. „Erinnern Sie sich, wie es damals war, da hatten Sie auch ..."

Bestreiten Sie frühere Irrtümer nicht (Sie werden sie ja inzwischen beseitigt haben) und fragen Sie sofort, was denn das Vergangene mit dem Gegenwärtigen zu tun habe

Vermutlich: Wird der Gegner noch nicht gleich aufgeben. Bleiben Sie weiter sachlich und beweisen Sie Kenntnisse in der Gegenwart

Jemand sagt schlicht, daß alles, was Sie bringen, purer Unsinn ist	Fragen Sie, ob es dann übehaupt lohne, weiter zu verhandeln. Verlangen Sie Abbruch

Vermutlich: Wird er sagen, daß es nicht so gemeint war, wenn ihm an weiterer Aussprache liegt

---

Es wird Ihnen ein eigener Ausspruch aus früherer Rede vorgehalten – etwas aus dem Zusammenhang gerissen oder gar verfälscht	Korrigieren Sie. Stellen Sie die alte Aussage richtig und verweisen Sie auf die jetzt völlig andere Situation

Vermutlich: Wird er es noch einmal versuchen. Nennen Sie dann das Kind beim Namen: „Mir ist diese Art unfairen Taktierens bekannt ...!"

Man lügt, bringt falsche Fakten oder Trugschlüsse	Hier helfen nur die klare Sachkenntnis und Berichtigung. Aber nennen Sie ihn nicht „Lügner"

Vermutlich: Wird sich der andere (wenn Ihre Beweise eindeutig sind) damit entschuldigen, daß man ihn von dritter Seite falsch informiert hätte

---

Immer in Bewegung bleiben

Wer rastet, der rostet, heißt es schlichtweg in einer Alltagsweisheit, die gar nicht so banal ist. Wer passiv die Aktivitäten eines anderen über sich ergehen läßt, darf sich nicht wundern, wenn er zum Schluß der Unterlegene ist. Es wird, besonders von den alten Hasen und schlauen Füchsen der Verhandlungstechnik alles versucht, um Sie in Verteidigungsstellung zu bringen. Nehmen Sie dann in diesem Jagdrevier die Stellung des Jägers ein, der im Anstand (und mit Anstand) auf der Lauer liegt, bis er die beste Schußposition hat.

So probiert man es auch:

Tatsachen, die Sie vorbrachten, werden einfach ignoriert oder sogar bestritten. „Das kann aber nicht stimmen ...!"

Dann ist zu raten:

Bringen Sie keine Behauptungen, die Sie nicht beweisen können. Am besten: Erst einen Beweis und dann als Folgerung die Behauptung

Außerdem: Ist es in solchen Fällen gut, noch weitere Beweise im Hintergrund zu halten

---

Man bestreitet die Gründe für ein Ereignis und schiebt andere vor, die dafür verantwortlich wären, daß es so sei

Gibt es verschiedene Gründe, dann nicht bestreiten, vielmehr deutlich herausstellen, daß der genannte der wichtigste sei

Außerdem: Ist es ratsam zu versuchen, von den Gründen mehr abzurücken und zum gegenwärtigen Zustand zu kommen

---

Eine Voraussetzung wird als Grund herangezogen, obwohl es nur ein zufälliges Nach- oder Nebeneinander war: „Mein Herz ist so kräftig, weil ich täglich einen Schnaps trinke"

Den Irrtum aufdecken. Betonen Sie das „obwohl", das an die Stelle des „weil" treten muß: „Obwohl Sie tranken, ist Ihr Herz kräftig geblieben!"

Außerdem: Bringen Sie möglichst weitere Beispiele: „Nicht weil sie gegenständlich malten, waren die Künstler früher so gut, sondern obwohl ...!"

Ein spezielles Ergebnis (oft ein nur mögliches) wird für alle als gültig herausgestellt: „Lange Haare sind ein Zeichen von Liederlichkeit!"

Hinweisen, daß die Behauptung nur auf einzelne oder ganz besondere Fälle zutrifft, aber keine allgemeingültige Aussage ist

Außerdem: Auf die Gefahr solcher Verallgemeinerungen hinweisen. Es sind eben nicht alle Lastwagenfahrer rücksichtslos im Verkehr, nicht alle sitzenden Berufe sind gemütlich

---

Es wird Ihnen Inkonsequenz vorgeworfen, weil in einem anderen Falle (der natürlich ganz anders gelagert ist) Sie sich anders verhalten hätten

In Ruhe auf die Unterschiede hinweisen. Vielleicht herausstellen, daß der Angreifer doch die Bedingungen des anderen Falles herstellen möge

Außerdem: Auf die Gefahr solcher Verallgemeinerungen hinweisen. Es sind eben nicht alle Lastwagenfahrer rücksichtslos im Verkehr, nicht alle sitzenden Berufe sind gemütlich

---

Eine berechtigte Kritik Ihrerseits wird mit einer Retourkutsche beantwortet. „Sie sollten erst mal das und jenes tun, bevor Sie . . .!"

Weisen Sie den persönlichen Vorwurf sachlich kühl zurück und bestehen Sie darauf, daß die von Ihnen genannten Mißstände nicht auf diese Weise unfair vom Tisch gefegt werden

Außerdem: Kann dem anderen vorgeworfen werden, daß er auf diese Weise versuche, die Tatsachen, um die es vor allem ginge, zu verschleiern

---

Man vergleicht Äpfel mit Birnen: „Sie schreiben nicht einmal eine lesbare Handschrift, wie wollen Sie Plakate gestalten?"

Klarstellen, daß das eine nichts mit dem anderen zu tun habe. Jemand, der ängstlich im Straßenverkehr ist, kann durchaus Tatkraft in der Werkstatt zeigen

Außerdem: Kann der Hinweis, daß der Angreifer die Begriffe verwechselt, diesen zum Schweigen bringen

---

Jemand legt eine Aussage von Ihnen bewußt falsch aus, erweitert sie und läßt sie damit unglaubwürdig erscheinen

Wiederholen Sie Ihre Aussage und drücken Sie aus, daß damit nicht mehr und nichts anderes gesagt werden sollte

Außerdem: Könnte bei solcher Gelegenheit dem Widerpart vorgehalten werden, daß er nicht konzentriert bei der Sache sei, weil ihm solche Irrtümer sonst nicht unterlaufen wären

---

Es wird einfach verschwiegen, daß jedes Ding zwei oder auch mehrere Seiten hat. „Familie X ist als kinderlieb zu kennzeichnen, denn sie hat das Nachbarskind in Pflege genommen."

Weisen Sie sofort auf die andere (oder anderen) Seite(n) hin. Familie X könnte nur an der guten Bezahlung gelegen sein, oder das Kind zur Mithilfe heranziehen wollen

Außerdem: Sollte an solcher Stelle die Einseitigkeit der Anschauungen dem anderen vorgehalten werden. Er wird künftig sorgfältiger überlegen

---

Man behauptet einfach, daß es nur ein Ja oder Nein, ein Entweder/Oder gäbe: „Wer nicht für uns ist, ist gegen uns."

Es gibt auch ein neutrales Verhalten. Weisen Sie also auf möglichst viele weitere Möglichkeiten hin

Außerdem: Kann bei allen starren Behauptungen dem anderen vorgeworfen werden, daß er sich nicht genügend Gedanken mache, die Dinge nicht in ihrer Vielfalt bedenke und in einer Schwarzweiß-Malerei die Tatsachen zu stark simplifiziere

---

Verdunkelungsgefahr

Skrupellose Taktierer, die um jeden Preis obsiegen wollen, selbst um den eines schlechten Rufes, lieben es, die Tatsachen zu verschleiern. Es wird dann auch versucht, alles so konfus zu machen, daß kaum noch ein Lichtschein in die Angelegenheit dringt. Bleiben Sie weiterhin aufmerksam. Wir stellen Ihnen auch noch einige derartige Praktiken vor. Es kann sein, daß es dann hier und da nicht ausbleibt, mit harten Bandagen zu kämpfen. Damit meinen wir nicht, daß Sie selbst zu unfairen Mitteln greifen sollen. Aber die Sprache und Wortwahl sollte schon Ihre Standfestigkeit klar herausstellen und gegen Drohungen sind mitunter nur Gegendrohungen wirksam.

Achtung:	**Sie sollten:**
Mancher erklärt etwas für typisch (typisch Kapitalist, Idealist . . .), was es durchaus nicht ist. Hier liegt der Versuch vor, mit vorgefertigtem Stempel zu arbeiten	Lassen Sie sich oder Ihre Sache nicht einseitig abstempeln. Heben Sie das Besondere, also das „Typische des Falles" hervor

Andernfalls: Werden Sie in einen Topf geworfen mit allen anderen, für die ein (meist negatives) Verhalten angeblich typisch ist

---

Lügen brauchen ein gutes Gedächtnis. Das hindert notorische Lügner nicht daran, sie gegen Sie zu verwenden	Hier mit Gegenlügen zu arbeiten, wäre fatal. Sie müssen sich immer an die Wahrheit halten. Man „behält" sie auch länger

Andernfalls: Wird man Ihnen auch nicht mehr glauben und solange nachfragen (was Sie eigentlich als Abwerhmaßnahme einsetzen sollten), bis die Wahrheit herauskommt

---

Mehr oder weniger dezente Hinweise auf den „großen Bruder" sind Bluffs der Kinder, die sich auch unter Erwachsenen finden, ohne daß viel dahintersteckt

Zeigen Sie keine Wirkung. Bangemachen gilt nicht. Gehen Sie nicht mehr weiter mit, lassen Sie sich die Karten zeigen. Ruhe! Es gibt wahrscheinlich keinen großen Bruder

Andernfalls: Wird man das Spiel wiederholen und neue Drohungen offen oder versteckt an die Stelle der Argumente setzen

---

Man schiebt vor, Ihr Bestes zu wollen und schiebt alle mit dem Abschluß verbundenen Unannehmlichkeiten einem nicht vorhandenen Dritten zu: „Ich würde Ihnen ja gerne entgegenkommen, aber meine Firma, meine Anweisungen, die Bestimmungen ..."

Verlangen Sie, den Dritten kennenzulernen, die angeblichen Anweisungen zu lesen, mit dem Vorgesetzten zu sprechen. Verlangen Sie notfalls Vertagung oder sagen Sie: „Das kann ich verstehen, ich muß auch erst bei ... rückfragen."

Andernfalls haben Sie es dauernd mit dem großen Unbekannten zu tun und verhandeln nicht mit Ihrem Gegenüber, sondern einem Geist

---

Urteile werden falsch ausgelegt, Formeln falsch angewendet, Aussprüche falsch zitiert. Man schiebt eine unantastbare Instanz vor

Das gleiche wie im vorigen Fall, sich die genauen Unterlagen beschaffen, zu den Quellen vorstoßen und nachsehen, wo der Fehler liegt

Andernfalls: Unterliegen Sie einem Reglement, das es nicht gibt, bekennen unbewußt damit, daß Ihnen tiefere Kenntnisse fehlen und erkennen in dem anderen den Mehrwissenden an

---

Es werden Behauptungen aufgestellt, die sich nicht nachprüfen lassen

Besonders aufmerksam sein. Mehr Beweise verlangen, Schlicht auf Unglaubwürdigkeit hinweisen

Andernfalls: Werden Sie gleich als leichtgläubig eingestuft und können auch weiterhin mit unbewiesenen Behauptungen rechnen

---

Jemand übergeht Ihre Fragen und kommt sofort wieder auf sein Anliegen zu sprechen

Nicht locker lassen: „Bevor wir uns weiter unterhalten, beantworten Sie bitte meine Fragen!"

Andernfalls: Gerät Ihnen die Wortführung ganz aus der Hand, erliegen Sie der Beredsamkeit

---

Die Qualität, der Nutzen oder der Vorteil Ihres Angebotes werden einfach bestritten, um zu einem günstigen Preis zu kommen

Fragen Sie, warum dann der andere überhaupt daran interessiert sei, mit Ihnen zu verhandeln

Andernfalls: Müssen Sie zuletzt es noch als Gnade auffassen, wenn man sich herabläßt, mit Ihnen zu verhandeln

---

Uralt, aber noch immer praktiziert: Sie werden in eine unbehagliche Situation gebracht. Das kann schon mit dem unbequemen Stuhl anfangen und läßt auch nicht die Lampe aus, die Ihnen in die Augen strahlt

Hier dürfen Sie sich auf keinen Fall scheuen, die Dinge beim Namen zu nennen. Verlangen Sie einfach den besseren Platz, geben Sie zu verstehen, daß Sie so nicht verhandeln werden

Andernfalls: Müßten Sie schon ein sehr dickes Fell haben, um nicht mit der Zeit von den Unannehmlichkeiten in Ihrem Verhalten beeinflußt zu werden

---

Wie Sie vorgehen sollten

Es gibt noch manches Verhalten, noch manche Finte, die eingesetzt werden, um über Sie den Sieg zu erringen. So weiß man z.B., daß es sich mit gesättigten Menschen besser verhandeln läßt, also lädt man Sie zum Essen ein. Ganz in Ordnung, wenn Sie die Mahlzeit nicht später teuer zu stehen kommt. Wir kennen auch das Wehklagen jener Händler, die nur vom Verlust zu leben scheinen und in Wahrheit nur an Ihr Mitleid appellieren. Nun aber mehr zu den Taktiken, die wir Ihnen als durchaus fair empfehlen. Übersehen Sie dabei nicht, daß es Taktiken sind, die Ihnen zum Sieg verhelfen, daß es folglich auch einen Verlierer geben muß – oder sagen wir kann – weil ja mehrfach gesagt wurde, daß das beste Verhandlungsergebnis erreicht sei, wenn alle glauben, gesiegt zu haben.

Das können Sie tun:	Das sollten Sie nicht tun:
Zeigen Sie Vergleichsfälle auf, in denen das von Ihnen Geforderte einen allseitigen Nutzen brachte	Bringen Sie dabei aber nur solche Vergleiche, die sich nachprüfen lassen bzw. glaubwürdig sind

Schließlich: Wollen Sie überzeugen und nicht überrumpeln oder gar übertölpeln

---

Schließen Sie von einem übergeordneten Tatbestand auf einen untergeordneten: Das Präparat hat sich in Tropenversuchen bewährt, es wird auf jeden Fall unsere Hochsommertemperaturen aushalten	Vermeiden Sie bei derartigen Schlüssen, Unvergleichbares zu vergleichen: Das Präparat hat sich in den Tropen bewährt, es wird sich auch in der Arktis bewähren!

Schließlich: Sollen die anderen Ihren Gedankenweg leicht nachvollziehen können und nicht ins Stolpern kommen

---

Schließen Sie, wenn sich die Gelegenheit bietet, auch vom untergeordneten Punkt auf einen übergeordneten: „Herr A. nimmt es mit der eigenen Pünktlichkeit genau, er wird auch als Vorgesetzter auf Pünktlichkeit in der Gruppe achten."

Auch hier kann man leicht Fehlschlüssen unterliegen: „Fräulein B. hatte noch nie eine Affäre im Büro, sie ist sicherlich prüde oder zumindest gehemmt." Fräulein B. kann in ihrer Freizeit ganz anders sein

Schließlich: Soll man Sie nicht für oberflächlich halten. Das würde man aber, wenn Sie vorschnell zu Schlüssen kommen

---

Listen Sie eigene Vorteile zu gegebener Zeit in der Verhandlung auf. Summieren Sie auch die Mängel des Gegenübers: „So kann man aufgrund der Vorteile x, x, x (oder der Nachteile y, y, y) nur zu dem Schluß kommen ..."

Setzen Sie dieses Mittel nicht zu früh ein. Sie sollten ja immer noch etwas in der Reserve haben. Beim Summieren von Nachteilen erhält der Gegner Gelegenheit, diese en bloc zu widerlegen

Schließlich: Soll eine solche Reihung suggestiv wirken, Vorangesagtes in die Erinnerung bringen und damit den Partner zur Einsicht bringen

---

Erinnern Sie sich während der ganzen Verhandlung immer wieder der Grundregel: Selbst wenig reden, den anderen viel sagen lassen! Sie erreichen es durch Fragen

Man kann nicht oft genug daran erinnern: Enthalten Sie sich aller Geschwätzigkeit. Sparsam mit Worten – verschwenderisch im Denken!

Schließlich: Kann man nur Dumme „betrunken" reden. Alle anderen wollen überzeugt werden und nicht überredet

---

Verlangen Sie vom Gegner, daß er Begriffe, die nicht eindeutig sind, aus seiner Sicht heraus klärt: „Was verstehen Sie in diesem Zusammenhang unter Redundanz?"

Seien Sie vorsichtig. Es darf dieses Mittel nicht so wirken, als kennen Sie selbst die Definition genau, trauten aber Ihrem Gegner keine Kenntnisse zu

Schließlich: Geht es nicht darum, den anderen zu blamieren, sondern auf gleicher Ebene zu diskutieren. Bluffte er jedoch mit Termini, so kann er schon in Bedrängnis geraten

---

Setzen Sie Beispiele ein: „In der vergangenen Woche hatten wir einen gleichen Fall, es ergab sich ..." – „In meiner früheren Firma wurde in dieser Situation folgendes ..."

Beispiele dürfen nicht erfunden sein. Sind sie es doch, so müssen sie, wie gute Anekdoten, so gut erdacht sein, daß es genauso abgelaufen sein könnte

Schließlich: Wollen Sie sich nicht den Vorwurf einhandeln, daß Sie zwar ein guter Geschichtenerzähler seien, die Realität aber ein wenig anders aussähe

---

Übertreiben Sie die Aussage eines Widerparts ins Groteske und Lächerliche: „Sie empfehlen, eine Kabinenyacht zu mieten, da sollte ich doch besser die QUEEN MARY chartern."

Solche Übersteigerungen dürfen nicht gekünstelt wirken, meist findet man sie nicht durch Konstruktion, sondern sie entspringen dem momentanen Zufall

Schließlich: Wollen Sie nicht als Conferencier auftreten, sondern nur auf die Unmöglichkeit einer Forderung deutlich hinweisen

---

Mit der Waffe des Gegenübers zurückschlagen heißt, eines seiner Argumente aufgreifen und dann eine Folgerung zu eigenem Nutzen daraus ziehen

Vorsicht dabei walten lassen. Wenn der eigene Nutzen nur gering ist, wird der Partner abermals den Spieß umkehren und gegen Sie argumentieren

Schließlich: Erfordert es einiges Geschick bzw. gründliche Kenntnis der Materie, um festzustellen, wie man einen geworfenen Geistespfeil zurücklenken kann

---

Spielen Sie gegnerische Argumente herunter und die eigenen hoch. „Das mag ja sehr interessant sein, fällt aber gegenüber meiner Aussage nicht ins Gewicht."

Achtung, auch hier vorsichtig operieren und wenn möglich noch ein zusätzliches Beweismittel für die eigene Aussage im Hintergrund halten

Schließlich: Wird ein gutes Argument nicht wirklich schlecht, wenn man es nicht akzeptiert, es kann aber in den Augen anderer an Wert verlieren

---

Stellen Sie eine Frage und bitten Sie den Partner, in Ruhe darüber nachzudenken, also noch nicht unmittelbar zu antworten

Verderben Sie sich die Wirkung dieses taktischen Mittels nicht, indem Sie eine Antwort sofort annehmen

Schließlich: Geht es hierbei darum, im anderen Gedanken zum Wachsen zu bringen: „Sie sollten einmal gründlich über das Für und Wider nachdenken – dann haben wir eine weitaus bessere Grundlage für das weitere Gespräch."

Bitten Sie den Verhandlungspartner, seine Ausführungen (möglichst in anderer Formulierung) zu wiederholen. Fragen Sie, ob eine Aufnahme gestattet sei

Sie müssen allerdings gewärtig sein, daß man dann auch um Ihre Erlaubnis bittet, Ihre Aussagen auf Tonband mitzuschneiden

Schließlich: Wird der so Aufgeforderte es sich sehr genau überlegen, was er sagt. Vielleicht wird dadurch bereits manches im Ton gemildert, an Forderungen zurückgesteckt

---

Eine ähnliche Wirkung – hier braucht man im allgemeinen nicht um Erlaubnis zu fragen – hat es, wenn man sich Aussagen notiert, sogar bittet, langsamer zu sprechen, um besser schreiben zu können

Sie halten dadurch jedoch auch das möglicherweise fest, auf das der andere später zurückkommt. (Hier ist auch der Ansatz für die Gegenmaßnahme, wenn andere Ihre Ausführungen notieren)

Schließlich: Aber wird beim Mitschneiden und Mitnotieren der andere sich stark bemühen, sachlich zu bleiben und sich emotioneller Äußerungen weitgehend enthalten

---

Bringen Sie ein Argument, dem man nicht widersprechen kann, am Anfang. Lassen Sie den anderen zustimmen. Setzen Sie das folgende Argument an. Lassen Sie ihn zustimmen ... usw.

Die Aufeinanderfolge darf nicht der Logik (Folgerichtigkeit) entbehren. So nur kann sich der Gesprächspartner nicht zurückziehen, sondern wird von Ihnen gezogen

Schließlich: Es führen viele kleine Stufen auch zum hohen Ziel. Es muß nur jedesmal dem anderen Gelegenheit gegeben werden, JA sagen zu können

---

Stellen Sie gelegentlich Forderungen, an deren Erfüllung Sie gar nicht denken. Sie haben damit ein Pfand in der Hand, das Sie herausgeben können, um eine andere Forderung durchzusetzen

Sie müssen damit rechnen, daß auch andere (besonders, wenn er die Taktik durchschaut) mit einer gleichgearteten Forderung aufwartet oder sogar überhöhte Forderungen stellt

Schließlich: Es geht um Ihr Pfand. Es soll so aussehen, als sei es ein großes Entgegenkommen von Ihnen, wenn Sie die Forderung wieder zurücknehmen

---

Liegen Sie in ungünstiger Position, so stellen Sie eine bis dahin noch nicht erhobene Forderung. Wenn sich der andere schon am Ziele glaubt, könnte er zu Konzessionen bereit sein

Der Partner kann natürlich zu erkennen geben, daß er dann auf das Geschäft verzichtet (Abwehrmaßnahme). Deshalb Spätforderungen so formulieren, daß man sie wieder zurücknehmen kann

Schließlich: Man soll nichts unversucht lassen. Wenn aber auch Ihnen am Abschluß liegt, dann heißt es, bei solchen Maßnahmen sehr diplomatisch vorgehen

---

Sind Sie wirklich auf der Verliererstraße, können Sie nur noch durch Verzögerung auf den Partner einwirken und hoffen, daß er – ermüdet – noch kleinere Konzessionen macht

Wer z.B. durch langes Reden, immer wiederholtes Fragen oder lange Definitionen das Gespräch verzögert, zeigt damit auch Schwäche und weist darauf hin, wie schlecht er bis dahin die Verhandlung führte

Schließlich: Man muß bei diesem Mittel, wie bei allen zweischneidigen, sehr sorgfältig aufpassen, daß man sich letztlich nicht selbst schadet

Kniffe und Tricks im Hintergrund

Es gibt noch so mancherlei Taktiken. Verschiedene davon, wie die früher schon erwähnte „Salamitaktik", haben sogar eigene Namen bekommen. Wollte man sie alle genau beschreiben und – wie es sicherlich beeindruckend wäre – mit einer angemessenen Zahl von Beispielen ausstatten, so wäre schon eine ganze Buchreihe zu füllen. Vielleicht findet sich einmal ein Verlag, der den Mut hat, eine „Enzyklopädie der Verhandungstechnik" herauszubringen. Wir müssen uns hier damit begnügen, Ihnen noch ein paar wichtige Verhaltensweisen vorzustellen und bitten erneut, sich einen individuellen Auszug für die eigene Praxis zu fertigen.

Auch das wird getan:	Und dieses dagegen:
Die Schlag-auf-Schlag-Taktik besteht vornehmlich darin, dem anderen keine Zeit zu lassen, über einzelne Punkte nachzudenken. Man bringt Argument auf Argument und drängt auf schnellen Abschluß	Wer Sie so überrumpeln will, muß sehr viele gute Argumente haben. Das gilt auch für Sie, wenn Sie so vorgehen. Dagegen kann man mit betonten Fragen und Verlangen nach Wiederholung vorgehen

Auf diese Weise: Wird dem „Blitzkrieg" einiges an Hindernissen in den Weg gelegt. Er muß gründlicher werden, die ursprüngliche Absicht ist dahin

---

Die Vater-Taktik arbeitet fast mit dem gegenteiligen Mittel. Alles wird bis ins einzelne in „väterlicher Güte" genau erklärt. Dem anderen bleibt nur wenig Zeit für eigene Aussagen	Das Gegenmittel ist fast das gleiche wie zuvor: Fragen. Nur, daß Sie jetzt auf Präzision zielen und um Zusammenfassungen in Kürze drängen

Auf diese Weise: Wird der Anwender der Taktik gezwungen, seine Argumente zusammenzufassen und es stellt sich deren Inhaltsarmut heraus

---

Mißbehagens-Taktik. Wir deuteten sie schon an (schlechter Stuhl/Licht im Auge). Sie operiert damit, im Verhandlungspartner eine Stimmung zu erzeugen, daß er schnell abschließt (oder weggeht, wie bei Gehaltsforderungen), um aus der mißlichen Lage herauszukommen

Protestieren gegen den zerbrechlichen Stuhl, die Geräuschbelästigung, die unerträgliche Hitze, die späte Tagesstunde, Drittklassehotels, dauernde Unterbrechungen, fehlende oder schlechte Getränke (kalter Kaffee)

Auf diese Weise: Wird dem, der die Mißstände veranlaßte oder nichts gegen sie unternimmt, der Schwarze Peter zugeschoben

---

Gezielte Störungen werden auch als Taktiken eingesetzt. Da kommt jemand fragen oder erinnert an einen anderen Termin. Das Telefon läutet. Ein Teilnehmer läßt sich aus dem Raum rufen

Verbitten Sie sich die Störungen, wenn sie als Taktik offensichtlich werden oder erklären Sie lächelnd (möglichst zu Beginn), daß Sie neulich, an anderer Stelle, „gezielte Störungen" erlebt hätten

Auf diese Weise: Bekommt der, der die Taktik einsetzt, einen Wink mit dem mehr oder weniger dicken Zaunpfahl und wird mit einem Lächeln von seinem Tun ablassen

---

Mancher versucht es auch mit Konfusion, mit Unordnung in der Gedankenführung oder in den Unterlagen

Schlagen Sie dann vor, daß man erst mal Ordnung schaffen oder die Verhandlung vertagen sollte

Auf diese Weise: Wird auch diesem Versuch sofort der Boden entzogen. Man erkennt, daß Ihnen mit Finten nicht beizukommen ist

---

Es gibt sogar Leute, die sehen in der Bestechung das einzige Mittel, in Verhandlungen voranzukommen

Sie werden es in Ihrer Lauterkeit nicht erlauben, aber mancher glaubt, es ginge überhaupt nur mit Bestechung

Auf diese Weise: Ist bestimmt kein Blumentopf zu gewinnen ... oder es handelt sich gar nicht mehr um Verhandlungen (abgesehen von der gerichtlichen, die folgen könnte)

Von der Kaktus-Taktik spricht man dann, wenn einer widerborstigen Argumentation nach und nach der Stachel abgebrochen werden

Da ist nichts gegen zu machen. Wer sich als Kaktus gibt, muß damit rechnen, daß man ihm die Stacheln abbricht

Auf diese Weise: Wird die Zahl derer, die solcherart in Verhandlungen eintreten, zum Glück immer kleiner

---

Von Handwerker-Taktik ist die Rede, wenn jemand betont auf sich warten läßt. Man kann es aber auch Starallüren nennen

Wenn es möglich ist, fangen Sie ohne ihn an. Ist er der einzige, gehen Sie und kündigen Sie an, später wiederzukommen

Auf diese Weise: Wird auch den „Königen" beigebracht, daß ihre Höflichkeit in der Pünktlichkeit besteht

---

Sich-dumm-Stellen kann eine Taktik sein. Sie verlangt, daß der andere mehr erklärt, mehr aus sich herausgeht

Wenn Sie derartiges merken, geben Sie die Fakten in kurzer, schriftlicher Zusammenstellung und vereinbaren Sie einen späteren Termin

Auf diese Weise: Werden die echten Dummen auf der Welt zwar nicht weniger, wir schützen uns aber vor denen, die Dummheit spielen

---

Stafetten-Taktik heißt man gelegentlich die Gepflogenheit, einen neuen Mann in das Gespräch zu holen, wenn die anderen zu ermüden drohen. Es ist, als wenn Sie nach einem 100-Meter-Lauf nochmals gegen ausgeruhte Läufer antreten sollen

Holen Sie sich ebenfalls einen neuen Mitstreiter ins Gefecht. Weisen Sie mit leichtem Spott auf die Ermüdung des Gehenden hin. Schlagen Sie allgemeine Unterbrechung vor

Auf diese Weise: Unterliegen Sie nicht der Gefahr, mit halber Kraft gegen einen ausgeruhten Mann „kämpfen" zu müssen

---

Amerikaner sprechen davon daß 1 mehr als 4 sein kann und meinen damit eine Taktik, bei der man mehrere (4) kleine Vorteile aufgibt, um den einen großen einzuheimsen

Als Gegenmaßnahme heißt es hier, streng aufzupassen. Kommt die große Forderung, dann sofort mit der Gegenforderung auftreten und auf den geringeren Wert der kleinen Zugeständnisse hinweisen

Auf diese Weise: Weiß dann auch der andere, daß Sie sich nicht überrumpeln lassen und wird von seiner Taktik Abstand nehmen

---

Merken Sie sich ganz speziell aus Kapitel 12:

- Kühl bleiben, ob man Ihnen mit Lautstärke, Befehlen, Schmeicheleien oder Lügen begegnet.
- Immer fragen, was all die Einwände mit den Tatsachen, die man beweise, zu tun hätten.
- Wenn Gründe verfälscht, Behauptungen bestritten, Tatsachen nicht anerkannt werden, noch sorgfältiger beweisen.
- Keine Verallgemeinerungen zulassen, immer den besonderen Fall betonen.
- Von keinem Bluff bange machen lassen, Beweise verlangen.
- Alle eigenen Argumente als besonders wertvoll herausstellen, Gegenargumente herabsetzen.
- Auch aus taktischen Gründen wenig reden, mehr reden lassen – aber viel denken und gut beobachten.
- Gegneraussagen aufnehmen oder betont aufschreiben, um ihn zur Vorsicht und Sorgfalt zu veranlassen.
- Sich mit den wichtigsten Taktiken, die draußen eingesetzt werden, vertraut machen.

13. KAPITEL

Zielstrebigkeit – oder woran man sich ständig erinnern sollte

Hauptregel

Wappnen Sie sich in Verhandlungen mit Geduld, Ausdauer, Überblick und Konzentration, um über die Beobachtung der versteckten Absichten des anderen zu den eigenen Maßnahmen oder Verhaltensweisen zu kommen, die zu einem befriedigenden Abschluß führen.

Eine Verhandlung ist erst dann beendet, wenn es zum Abschluß gekommen ist. So selbstverständlich wie diese Aussage zunächst erscheint, ist sie gar nicht. Viele Verhandlungen enden unbefriedigend, führen zu keinem erfolgreichen Abschluß. Andere werden abgebrochen. Wenn Sie derartiges vermeiden wollen, sollten Sie sich einiges vor Augen halten. Jetzt schon, aber vor allem in der Verhandlung selbst. Was *Sie* wollen, wenn Sie sich an den Verhandlungstisch setzen, sollte klar sein. Daß selbst das nicht bei allen Verhandlungen so ist, war schon Gegenstand früherer Betrachtungen. Was aber will der Verhandlungsgegner? Wie gelingt es, ihn wirklich zum Verhandlungspartner zu machen? Das kommt durchaus nicht in seinen Forderungen zum Ausdruck, jedenfalls muß es nicht so sein.

Schon im familiären Gespräch heißt es mitunter: „Nun wollen wir mal ganz offen reden!" Gemeint ist damit: „Es wird Zeit, daß Du Dich zu meinen Ansichten bekennst." In der großen Politik behauptet man, für die Völkerverständigung, den Frieden, den Wohlstand aller zu verhandeln. Meist geht es um sehr enge nationale oder gar persönliche Interessen. In der Vielzahl der zwischen diesen beiden Fällen liegenden Unterredungen, Verkaufsgesprächen, Verhandlungen zwischen verschiedensten Partnern, Firmen oder Interessengruppen ist es nicht anders. Schon das Kind, welches dem Schulfreund Sammelbilder abtauschen will, ist vielleicht an diesen Bildern nicht interessiert, sondern legt nur den Ehrgeiz darin, „mehr" zu besitzen als ein Rivale. Sind wir in unseren Besitzwünschen so anders? Muß sich letztlich der eigentliche Wunsch viel stärker auf das Verhalten in der Verhandlung auswirken als der vorgeschobene? Geduld, das herauszufinden könnte bares Geld wert sein. Wie überhaupt Geduld jenen guten Eigenschaften Verhandelnder zuzuzählen ist, deren Sie sich nicht genug befleißigen können.

Geduld gibt uns die Ruhe, die nötig ist, um sorgfältig und richtig zu beobachten, d.h. darauf zu achten, was zu tun und zu lassen ist. Sie kennen nun die wichtigsten Taktiken und können auf der Lauer liegen, um festzustellen, wann sie jemand bewußt oder auch ganz unbewußt einsetzt. Das Erkennen beispielsweise, daß jemand mit Unterstellungen taktiert, läßt Sie zum Gegenmittel, der konkreten Darstellung Ihrer (natürlich für den anderen auch nutzbringenden) „wahren" Absichten greifen. Sagt Kollege Müller zum Kollegen Meier: „Sie wollen sich doch nur beim Alten einschmeicheln, um eins raufgesetzt zu werden!" dann ist die Unterstellung offensichtlich. In Verhandlungen wird man dezenter vorgehen: „Unser Konkurrent bietet Ihre Artikel für nur ... an!" heißt vielleicht: „Dem anderen verkaufen Sie zu einem weitaus günstigeren Preis!" Außer der sorgfältigen Beobachtung ist ein gutes Maß an Sachkunde nötig, um seinem Ziel näherzukommen.

Über diese Dinge soll jetzt noch etwas die Rede sein. Halten Sie bitte aber auch das in Erinnerung: Unser Buch ist als eine Sammlung von Ratschlägen gedacht. Solche Ratschläge kann man erst mal sammeln, Sie könnten das ganze Buch durchlesen, besser: durcharbeiten, sich die Ratschläge einprägen. Sie könnten aber auch – und das erscheint mir gewinnbringender – die hinter den Ratschlägen steckenden Grundhaltungen zu gewinnen suchen und daneben einzelne Punkte bei jeder sich bietenden Gelegenheit erproben. Dann gehen die Hinweise Ihnen bald in Fleisch und Blut über. Ist danach hier und dort etwas nicht griffbereit, so steht Ihnen zusätzlich die Möglichkeit offen, im Buch nachzuschlagen. Deshalb ist es auch als Nachschlagewerk gedacht und mit ausführlichem Register versehen.

Schritt für Schritt dem Ziel entgegen

Eine Lerntheorie spricht vom Prinzip der kleinen Schritte, vermittels derer ein Lernender allmählich auf sein Ziel zugeführt wird. Die mehrfach erwähnte Salami-Taktik macht es mit ihrem Bild von der scheibchenweise gewonnenen Wurst noch deutlicher, was es heißt, geduldig Punkt für Punkt vorwärts zu gehen. Geduld wird von manchen, meist sind es die, die sie nicht haben, als eine Gabe betrachtet. Geduld kann man aber (wie ja schon der umgangssprachliche Ausdruck sagt) „üben". Von der Beharrlichkeit, der Geduld, dem allmählichen, aber sicheren Vorankommen, soll nun ein wenig die Rede sein.

Hier sagen Sie „ja"

Sehen Sie in der Geduld eine Tugend, um die es sich zu bemühen lohnt. Werden Sie ein Patiencespieler (Patience heißt Geduld), der ruhig überlegt

Hier sagen Sie „nein"

Setzen Sie ein Veto gegen die Ungeduld, mit der Sie andere vielleicht zu vorschnellen Abschlüssen zwingen wollen

Dann: Sind Sie bestens gewappnet gegen die Hektik unserer Zeit, die sich natürlich auch in Verhandlungen auswirkt

---

Ruhiges Abwarten führt oft wie von selbst zur Teilung oder Herabsetzung gegnerischer Forderungen

Unruhe Ihrerseits ermuntert Ihr Gegenüber dazu, seine Forderungen zu erhöhen, mehr zu verlangen

Dann: Wenn Ihre Ruhe zum Fels im Meer der Verhandlungswogen wird, steigen Ihre Chancen

---

Ruhe führt zur Klarheit des Überblickes, mit dem Sie z.B. Wünsche von realen Möglichkeiten unterscheiden lernen

Ohne Ruhe keine rechte Klarheit. Ohne Klarheit verlieren Sie den Weg und verirren sich im Wortgestrüpp

Dann: Wenn Klarheit herrscht über das, was im Gespräch steht, und nur dann – findet man seinen Weg

---

Geduld, Ruhe, Klarheit sind ihrerseits wichtig für die Konzentration. Es gibt keine tiefe Konzentration ohne sie

Konzentration außer acht zu lassen ist sträflich. Begnügen Sie sich nicht mit einem geringen Maß

Dann: Wenn auch Konzentration eingestellt werden kann, werden die rechten taktischen Mittel erkannt und eingesetzt werden

---

Geduld bricht Eisen! heißt es. Konzentration, basierend auf Geduld, Ruhe, Klarheit des Überblickes beseitigt Verhandlungsschwierigkeiten

Kapitulation vor Schwierigkeiten? Das heißt doch, daß es an Konzentration, Ruhe, Klarheit, Übersicht fehlt

Dann: Wenn die guten Eigenschaften aus der Gewohnheit heraus steuernd wirken, gibt es keine Aufgabe vor dem Ziel

---

Was will der andere Partner? Sie erfahren es nur über die genannten Tugenden. Achten Sie auf das, was man seine geheimen Absichten nennen kann

Sicherlich will jeder auch mehr materielle Güter, Geld, Waren, Kulturgüter. Aber ist es das einzige oder auch nur das vordergründige?

Dann: Wenn Sie die wahren Absichten erfahren, können Sie sich erst mit Ihren Zielen auf den anderen einstellen

---

Vielleicht liegt dem anderen mehr an Kenntnissen, an Ansehen, daran, sich einfach „wohlzufühlen"

Übersehen und übergehen Sie keinesfalls, daß es nicht nur die materiellen Güter sind, die Menschen zu Handlungen veranlassen

Dann: Wenn Sie auch geheime Wünsche berücksichtigen, können Sie versuchen, mit Ihrem Gebot darauf einzugehen

Woran man sich ständig erinnern sollte

Zuviel gibt es, dessen man sich erinnern müßte, könnte oder sollte, um zu befriedigenden Verhandlungsergebnissen zu kommen. Wir bemühen uns deshalb, Ihnen hier in lernverstärkender Weise die wichtigsten Dinge so darzustellen, daß schließlich (wir hoffen es wenigstens) das allerwichtigste doch hängenbleibt. Viele Punkte sind für die unterschiedlichsten Verhandlungssituationen gleich wichtig. Das, was wir hier aber die allerwichtigsten nennen, wird immer zu beachten sein und ist deshalb mehrfach von den verschiedensten Seiten zu betrachten. Erinnern Sie sich auch dieser Aussage, bevor Sie vielleicht über unsere einprogrammierten Wiederholungen ungeduldig werden.

Bedenken und tun:	**Bedenken und lassen:**
Halten Sie sich fest Ihre Minimalforderungen vor Augen und gehen Sie nicht unter diese herab	Weitere Rücknahme eigener Forderungen (unter das Minimum) stempelt Sie zum Verlierer

Vermutlich: Haben Sie Ihre Vorbereitungen nicht gründlich betrieben, wenn es soweit kommt, daß Sie unter Ihr Minimum gehen. Lassen Sie es – eben durch besonders gute Vorbereitung – nicht so weit kommen

---

Sofort ein Äquivalent verlangen, wenn der Verhandlungsgegner mit einem Verlangen kommt	Kein Eingehen auf eine Forderung, wenn nicht zugleich etwas für Sie dabei herausspringt

Vermutlich: Sind Sie großzügig, wenn Sie in Verhandlungen Vorteile vergeben (vielleicht sind Sie auch nur unklug) – ein geschickt taktierender Verhandelnder sind Sie sicherlich nicht

---

Verlangen Sie Beweise für Aussagen, Garantien für Zusagen und Erklärungen für Absagen

Die Zeiten der „Handschlagvereinbarungen" sind für die meisten Berufe dahin. Vertrauen ist gut, Sicherheiten sind besser

Vermutlich: Sind Sie eine ehrliche Natur, wenn Sie jedem hingeworfenen Wort Glauben schenken. Man wird es merken und Sie täuschen

---

Warten lernen – das ist nochmals Thema „Geduld" – den rechten Zeitpunkt abpassen. Eine Festung kann man nur stürmen, wenn sie sturmreif ist

Schnelle Erfolge sind mitunter Pyrrhus-Siege, bei denen man am Ende verloren ist. Jeder Verhandlungspunkt hat auch *seinen* Zeitpunkt

Vermutlich: Gehören Sie noch zu den Ungeduldigen, wenn Sie auf zu schnelle Erfolge dringen. Sie können sicher oftmals mehr erreichen

---

Keinen Triumph zeigen, wenn das Ziel erreicht wurde. Vielmehr dem Gegenüber nochmals verdeutlichen, welchen Gewinn er davontrug

Niemand fühlt sich gern als Unterlegener. Deshalb wirkt Siegesfreude, die man zeigt, selbst auf größere Gewinne des anderen wertmindernd

Vermutlich: Sind Sie noch ein Neuling in Verhandlungen, wenn Sie sich Triumphe anmerken lassen. Geschickte Verhandler rufen im Partner das Gefühl hervor, daß sie etwas geschenkt bekommen hätten

---

Höflichkeit und Freundlichkeit bewahren, wie immer auch die Verhandlung verläuft oder schließlich ausläuft

Wechsel zur Unhöflichkeit oder Unfreundlichkeit ist meist ein Kennzeichen dafür, daß man sich als Verlierer fühlt

Vermutlich: Haben Sie es mit geschickten oder mächtigen Gesprächspartnern zu tun, wenn Sie am liebsten aus der Haut fahren möchten. Sie sollten dann eigenes Geschick zumindest spielen

---

Der Schluß sollte ein Abschluß sein

In der Schlußphase einer Verhandlung, bzw. beim Abschluß zu dem sie führte, zeigt die Persönlichkeit sich am deutlichsten. Ein Partner kann nachgiebig und konzessionsbereit die ganze Verhandlung geführt haben, wenn er jetzt das erreicht, was er sich zum Ziel setzte, ist alles in Ordnung. Sehr viel öfter erlebt man in der rauhen Wirklichkeit, daß sich einer während der Verhandlung mit allen Mitteln wehrte und zum Schluß doch kleine Brötchen bäckt, wie es so heißt.

Nehmen Sie noch ein paar Hinweise mit auf den Weg, die Ihnen zu besseren Abschlüssen verhelfen sollen.

So wäre es richtig:	Und so falsch:
Geben Sie dem Gesprächspartner Ratschläge, erklären Sie ihm die besonderen Vorteile (auch Gebrauchshinweise), die er von dannen trägt	Üben Sie keine Gewalt aus, noch sollten Sie auf die Tränendrüsen drücken, um zu einem Vertrag zu kommen. Beides ist Ihrer unwürdig

Gewonnen haben Sie: Wenn der Verhandlungspartner oder Kunde soweit gebracht wurde, daß er selbst das will, was Sie wollen. Also er will kaufen, er will mit Ihnen zusammenarbeiten, er will Ihr Angebot annehmen

---

Fassen Sie alles zusammen, was an Gemeinsamem gewonnen wurde, worüber man sich einigte und versäumen Sie nicht, die Nutzen für den anderen zu betonen	Überlassen Sie den Interessenten nicht sozusagen seinem Schicksal: Also kaufen Sie nun oder lassen Sie es bleiben

Gewonnen haben Sie: Wenn in einer Schlußzusammenfassung alles Negative vergessen ist und sich die Vorteile für den Gesprächspartner ausbreiten

---

Bekunden Sie ein den anderen motivierendes Interesse, mit ihm in Kontakt zu bleiben. Das kann durch einen Wartungsvertrag, eine Garantie oder auch nur durch Zusendung weiterer Informationen erreicht werden

Wenn Sie nicht gerade ausschließlich im Augenblick und von Laufkundschaft leben, so lassen Sie das Interesse am Verhandlungspartner nicht erlahmen. Vertragspartner sind keine Schlachttiere

Gewonnen haben Sie: Wenn der andere von selbst wieder auf Sie zukommt, um in weiteren Verhandlungen zu neuen (für Sie gewinnbringenden) Abschlüssen zu kommen

---

Zeigen Sie Begeisterung. Ihr Angebot wird um so überzeugender, wenn es mit viel Schwung vorgetragen wird

Hüten Sie sich vor monotonen Aufzählungen, erscheinen Sie nie gelangweilt, wenn Sie andere überzeugen wollen

Gewonnen haben Sie: Wenn sich einiges oder alles an Begeisterung auf Ihren Verhandlungspartner überträgt

---

Stellen Sie notfalls auch die Nachteile heraus, die der andere haben würde, wenn er nicht von Ihrem vorteilhaften Angebot Gebrauch macht

Das Herausstellen von Nachteilen (bei Nichtabschluß) darf keinesfalls, wie oft in der Praxis zu beobachten, in Drohungen ausarten

Gewonnen haben Sie: Wenn im Partner ein Bedauern für sich selbst aufkommt und er abschließt

---

Lassen Sie unschlüssige Partner eine Frage beantworten, mit deren Antwort sie selbst sich die Vorteile vor die Augen stellen: „Würde es nicht für Ihre Arbeit eine bedeutende Erleichterung sein ...?"

Schließen Sie Ihren Vertrag nicht mit wenigsagenden Wendungen wie: „Nun müssen Sie selbst wissen, was Sie zu tun haben!" oder „Nun liegt die Entscheidung ganz bei Ihnen!"

Gewonnen haben Sie: Wenn die abschließende Frage den Anstoß gibt, sich endgültig schlüssig für den Abschluß zu werden

---

Wieder ist einiges ganz besonders wichtig an Kapitel 13:

- Bemühen Sie sich um Geduld und lernen Sie es, klug abzuwarten.
- Setzen Sie Ihr Streben ein, immer einen klaren Überblick zu haben.
- Geduld, Ruhe, Überblick und Konzentration beseitigen manche Verhandlungsschwierigkeit.
- Halten Sie an Ihren Minimalforderungen unbedingt fest.
- Für jede Forderung des anderen, sofort einen Ausgleich verlangen.
- Fordern Sie Beweise, Garantien und Erklärungen zu den Aussagen des Gegenübers.
- Bis zum letzten Augenblick Höflichkeit und Freundlichkeit aufrechterhalten
- Geben Sie zum Abschluß dem Interessenten Ratschläge und Gebrauchshinweise mit auf den Weg.
- Fassen Sie zusammen, was gemeinsam erarbeitet wurde und bekunden Sie ein Interesse am Fortbestehen des Kontaktes.
- Bemühen Sie sich, hinter die versteckten Absichten Ihrer Verhandlungspartner zu kommen.

14. KAPITEL

Einzelgedanken zum Abschluß von Verhandlungen

Hauptregel

Fassen Sie vor dem Abschluß nochmals alle Vorteile zusammen, die Sie dem Partner zu bieten haben und machen Sie dabei Ihr Angebot so kostbar, daß es ihm bei „Ihrem Preis" oder dem Langzeitgewinn unmöglich wird, nicht zuzugreifen.

Mit dem letzten Abschnitt des vorigen Kapitels zielten wir schon darauf ab, Sie zu Gedanken über Schluß oder Abschluß der Verhandlungen zu veranlassen. Da nun einmal der Abschluß oder das Ziel das allerwichtigste ist, wollen wir Ihnen hier zusätzlich einige spezielle Hinweise zum Ende oder Abschluß der Verhandlung zusammenstellen. Es geht dabei nochmals ein wenig um Taktiken, denn man könnte auch der Meinung sein, daß die gut vorbereitete Verhandlung zwangsläufig in den geplanten Abschluß hineinführen muß und es folglich nicht unbedingt erforderlich ist, darüber noch gesondert zu sprechen. Aber so, wie eine gut aufgebaute und vorbereitete Rede noch durch einen schwachen Schluß völlig um ihre Wirkung gebracht werden kann, so kann auch der schwache Schluß einer Verhandlung nicht zum Abschluß führen. Es ist also ganz gut, hier noch etwas in Reserve zu haben, das in das Spiel zu bringen ist. In der ganzen Verhandlung geht es nahezu ausschließlich um das Reden. Man argumentiert, beweist, läßt sich belehren. Nun zum Schluß, wird gefordert, daß man eine Entscheidung fällt, daß ganz konkret etwas getan wird. Das kommt so manchem Verhandelnden wie ein Umschwung vor. Die Schauspielerin Marika Rökk erzählt in ihrer Selbstbiographie, wie sie – völlig ohne Geldmittel – sich gemeinsam mit ihrer Mutter den Spaß macht, sich teure Teppiche vorzeigen zu lassen. Sie weiß es selbst genau, daß sie nicht kaufen kann und will, doch den Verkäufer in den Glauben versetzt, sie könne es. Ganz ähnlich verhalten sich manche Menschen in Verhandlungen. Nur ist es dort kaum noch ein Spaß, wenn jemand von vornherein nicht die Absicht hat, einen Abschluß zu tätigen. In solchen Fällen wird sich wohl nicht sehr viel machen lassen. Dem Heer der Unschlüssigen, Zögernden, Verharrenden kann man hingegen mit guter Abschlußtechnik schon weitaus besser beikommen. Sie können sich aber auch manche Mühe sparen, wenn Sie frühzeitig genug herausfinden, daß das, was Sie zu bieten haben, für den anderen keinen Nutzen hat. Er wird dann wahrscheinlich sowieso nicht abschließen. Das Geschichtchen von dem Supervertreter, der Eskimos Kühlschränke und Negern in Zentralafrika wollene Socken verkauft, ist zwar recht hübsch erfunden, kennzeichnet aber bestenfalls jene Art von Verkäufern, die Kunden überreden statt überzeugen. Ganz anders ist es vielleicht bei jenen Leuten, die meinen, es sei etwas solange ganz gut gegangen, es werde sicherlich auch noch lange Zeit weitergehen. Hier müßte es gut möglich sein, den Nutzen zur Einsicht zu bringen, der dem Interessenten um vieles früher zuteil wird, wenn er nicht mehr länger mit dem Abschluß zögert.

Sie sollten allerdings nicht erwarten, daß es taktische Wundermittel gibt, die einen Abschluß in jedem Fall sofort herbeizwingen. Waren Sie in der ganzen Verhandlung ungeschickt, so wird alle Anstrengung am Schluß wohl auch nicht sehr viel nützen. Wie gesagt aber, im umgekehrten Falle stimmt es, bei noch soviel Verhandlungsgeschick auf der Strecke kann schlechte Taktik an ihrem Schluß all die Mühe in Frage stellen. Es soll sogar schon vorgekommen sein, daß ein derartig vorbereiteter Kunde sich Bedenkzeit erbat und dann von einem Mitbewerber (der ja auf den „vorbearbeiteten" Mann traf) zum Abschluß veranlaßt werden konnte.

Etwas Psychologie ist immer hilfreich

Wenn man nur wüßte, warum Interessenten vor einem Abschluß zögern! Ist es das Geld oder der sonstige Aufwand, den sie scheuen? Dann haben sie noch nicht Vorteile oder Nutzen voll erfaßt. Daß da etwas tatsächlich oder nur vermeintlich günstig eingehandelt worden ist, muß Überzeugung sein. Vielleicht besteht auch eine Wahl zwischen verschiedenen Interessen. Abermals obliegt es dem, der den Abschluß veranlassen will, den anderen zur Einsicht größerer Vorteile zu bringen.

Es gehört also ein wenig Einstellung dazu, ein wenig Gespür für den Menschen und seine Wünsche, ein wenig angewandte Psychologie. In den nachstehend zusammengestellten Mitteln sind sie enthalten.

Versuchen Sie es so:	Aber nicht so:
Geben Sie eine Alternative, bei welcher jede Entscheidung zu Ihren Gunsten ausfällt: „Möchten Sie die Lieferung sofort oder zum Wochenende?"	Lassen Sie bei diesen Fragen nicht Alternativen zu, die außerhalb Ihres Zieles liegen. In unserem Beispiel also nicht, daß er gar keine Lieferung möchte.

Sie erreichen: Damit, daß dem anderen der Wunsch suggeriert wird; er wird bestätigt in seinem Verlangen und kann nicht mehr so leicht Ausflüchte machen

---

Bauen Sie mit Fragen, die zu bejahen sind, die Stufen, die zum Abschlußgipfel führen: „Sie haben Mühe beim Namenmerken?" – „Ein besseres Namensgedächtnis brächte Vorteile." – „Ein Lehrgang, der Ihnen das bringt, wäre interessant."	Keinen Zweifel aufkommen lassen, daß Sie den Vorteil zu bieten haben. Also nicht: „Trauen Sie sich zu, einen Gedächtnislehrgang zu absolvieren?" – „Sehen Sie eine Möglichkeit, Ihr Namensgedächtnis zu verbessern?"

Sie erreichen: Mit aufbauenden Fragen, daß der andere wie von selbst durch eigene Gedanken zum Ziel gelenkt wird

---

Halten Sie das gute Mittel der Zusammenfassung im Auge: „Wir wollen kurz rekapitulieren!"

Niemand kann sich alles merken. Ohne Zusammenfassung kaum ein guter Abschluß

Sie erreichen: Daß der Gedankenweg nach Ihren Wegweisern nochmals durchlaufen wird und zum Ziel führt

---

Erstellen eines Schlußprotokolls kann zu den taktischen Mitteln gezählt werden. Der Unentschlossene fühlt sich bemüßigt, nun zum Abschluß beizutragen

Lassen Sie das Schlußprotokoll nicht nur so nebenherlaufen, wenn sich mit ihm die Möglichkeit ergibt, einen Einfluß zu nehmen

Sie erreichen: Daß sich jeder bewußt wird, daß es nachgelesen werden kann, was er zur Sache beitrug. Dieses Gefühl trägt seinerseits dazu bei, dort im Protokoll in gutem Licht zu erscheinen

---

Setzen Sie den Preis als Beweis ein. Zeigen Sie in harter DM die Gewinne auf, die der Partner erzielen kann

Wenn Gewinne zu erzielen sind, brauchen sie nicht schamhaft verschwiegen zu werden. (Mancher hat eine falsche Scheu davor.)

Sie erreichen: Daß nachgerechnet werden kann, welchen Nutzen man nun in materiellen Werten erreichte

---

Wie die Werbung es immer betont, können Sie es auch tun: Je kostbarer ein Besitz, desto höher muß auch der Preis sein

Den hohen Preis nicht schamhaft verstecken. Auf die Kostbarkeit des Gewinnes hinweisen

Sie erreichen: Damit den Besitz- und den Geltungstrieb zugleich. Jeder ist bereit, einen höheren Preis zu zahlen, wenn er etwas Kostbares einhandeln kann

---

Manchmal wirkt noch die kleine 99. Statt DM 20,00 kostet es nur 19,99

Achtung: Ausnahmetaktik: Viele sagen doch sofort, also DM 20,00

Sie erreichen: In einigen Fällen, daß eine vom Gegenüber gesetzte Preisgrenze „gerade man so" nicht erreicht wird

---

Macht ein Verkäufer seine Ware kostbar, so können Sie in der Situation des Käufers durch Herunterziehen den Preis angreifen

Vorsicht beim „Herunterziehen". Man könnte die Absicht merken. Überlegen Sie selbst, was etwas für Sie wert ist

Sie erreichen: Daß Ihnen ein höherer Nutzen geboten, vielleicht aber auch nur bewußt gemacht wird

---

Operieren Sie bei hohem Preis mit der Lebensdauer: „Ein Eigenheim kauft man im allgemeinen nur einmal im Leben, diese Bauweise wird auch Ihre Enkel noch erfreuen!"

Einen Preis herunterzuspielen, kann mitunter den Wert für den Käufer mindern. Spielen Sie besser den Zeitnutzen hoch. Rechnen Sie um, wie wenig es kostet, wenn man die Zeit mitberechnet

Sie erreichen: Daß der andere den Wert höher und den Preis niedriger empfindet

---

Wird Bedenkzeit gefordert, so machen Sie gleich den neuen Termin aus

Nicht die Fäden aus der Hand lassen. Nicht vom anderen den Termin erwarten

Sie erreichen: Daß Sie am Ball bleiben, nicht erst nach neuem Termin nachsuchen, darum später bitten müssen

---

Auf Benehmen des anderen achten. Neigt er sich Ihnen zu (Oberkörper), ist er noch aufmerksam. Es gibt viele weitere Zeichen*

Sie riskieren ein hartes „Nein", wenn der andere sich abneigt (zurücklehnt) oder Ihnen die Schulter zudreht

Sie erreichen: Durch aufmerksames Beobachten des köpersprachlichen Ausdruckes, daß Sie erkennen, wenn der andere abschlußbereit ist

---

* Siehe W. Zielke: Sprechen ohne Worte/Verlag moderne Industrie

Verweisen Sie auf Ihr gutes Renommee. Bauen Sie Vertrauen auf. Bringen Sie Referenzen

Glauben Sie nicht, daß nur Ihres Auftretens oder Aussehens wegen der andere Vertrauen fassen kann

Sie erreichen: Durch Schaffung einer Vertrauensbasis, daß Ihnen mehr geglaubt wird als einem, von dem man weiter nichts weiß

Wenn Sie etwas vorzeigen können, zeigen Sie es, geben Sie dem anderen es in die Hand. Der Stoffverkäufer läßt die wunderbare weiche Ware „fühlen"

Wenn es um Gegenständliches geht, dann darf kein Schild „Berühren verboten!" aufgestellt sein. Lassen Sie vielmehr das Berühren erlaubt sein

Sie erreichen: Einerseits, daß man sich unmittelbar von einem Vorteil überzeugen kann, zum anderen fühlt sich der „Begreifende" schon als Besitzer

---

Reißen Sie mit. Reden Sie so begeistert von Ihrer Ware, Ihren Ideen, daß der andere nicht anders kann, als zustimmen

Wer überzeugen will, darf die vornehme Zurückhaltung eines Butlers üben. Gespielte Gleichgültigkeit kann sich auch übertragen

Sie erreichen: Man muß Ihnen folgen, denn bei so großem Schwung, mit dem Sie vortragen, kann niemand unbeteiligt bleiben

---

Wenn alles noch nichts hilft . . .

Verhandlungen kann man als Sport betrachten. Ohne die anderen beachtenswerten Punkte auszulassen, könnte der Ehrgeiz darein gelegt werden, daß man einfach Spaß daran hat, sich zu messen. Auch dazu noch ein kleines Konditionstraining bzw. Möglichkeiten, ein solches zu betreiben:

Versuchen Sie es:

Das Wort: „Das ist mein letztes Angebot!" ist keine Drohung. Es wirkt aber nur, wenn es das wirklich ist

Versuchen Sie hingegen nicht:

Lassen Sie dem letzten Angebot nicht ein allerletztes und ein allerallerletztes folgen

Denn: Es liegt auf der Hand, daß bei solch kindlichem Tun Ihre Glaubwürdigkeit verlorengeht

---

Legen Sie als Käufer den Preis, den Sie zahlen wollen, in bar auf den Tisch, gerade wenn die Forderungen noch höher sind

Zeigen Sie nicht Ihre leere Brieftasche (ich habe derartiges erlebt), um zu beweisen, daß Sie nicht mehr zahlen können

Denn: An Ihren Geldmangel glaubt man nicht. Legen Sie Bargeld auf den Tisch, ist es schwer für den anderen, das, was er sozusagen nun hat, wieder aufzugeben

---

Kleine Aufmerksamkeiten sind nicht gleich Bestechungen. Das Schreibpapier und der Stift mit Firmeneindruck, das Erfrischungstuch, die Streichhölzer am Verhandlungstisch machen die Teilnehmer aufnahmebereiter

Echte Bestechungen, wie das wertvolle Weihnachtsgeschenk an den Mitarbeiter eines Verhandlungspartners, sind abzulehnen, schon deshalb, weil Mitbewerber sich darin überbieten und es immer teurer wird

Denn: So stimulierend die kleine Aufmerksamkeit wirkt, so nachdenklich macht das größere Geschenk

---

Legen Sie Material eines Mitbewerbers Ihres Verhandlungspartners vor, das für Sie günstigere Bedingungen bietet. Lassen Sie durchblikken, daß es bessere Konditionen gibt

Geben Sie keine genauen Zahlen, um wieviel günstiger Sie etwas anderweitig kaufen können. Man bietet vielleicht den gleichen Preis, es wäre aber noch mehr herauszuholen

Denn: Oft weiß man nicht, um wieviel die überall gleichgeartete Minimalforderung von verschiedenen Stellen mit einem Aufschlag versehen wurde

---

Versprechen Sie weitere, treue Kundschaft, spätere Geschäfte, weiteren Nutzen. Geben Sie Hypotheken auf die Zukunft

Wenn hinter solchen Versprechungen nicht die Absicht ihrer Einhaltung steht, dann haben Sie schnell einen schlechten Ruf

Denn: Es ist erstaunlich, wie schnell sich Glaubwürdigkeit herumspricht und wie selbst unter harten Konkurrenten mitunter Informationen über Kunden ausgetauscht werden

---

Betonen Sie vorsichtig die eigenen Nachteile, die Ihnen durch den Abschluß entstehen. Der andere könnte in ihnen Vorteile für sich selbst sehen

Auch die Menge kann es nicht bringen, wenn am Einzelstück Verluste entstehen. Deshalb dürfen die zu nennenden Nachteile nicht zu stark aufgetragen sein

Denn: Wenn Sie sagen, daß Sie z.B. das Gleiche einem anderen günstiger verkaufen können, fragt man sofort, warum Sie es dann nicht tun

---

Wichtiges aus dem 14. Kapitel:

- Suggerieren Sie Wünsche im Verhandlungspartner durch für Sie allseitig günstige Alternativen
- Führen Sie durch Zustimmung heischende Fragen den Käufer zum Abschluß.
- Setzen Sie für den Abschluß die Zusammenfassung alles Wichtigen ein.
- Machen Sie Ihr Angebot zur Kostbarkeit – je kostbarer, desto höher darf der Preis sein.
- Spielen Sie als Käufer den Nutzen für sich herab.
- Argumentieren Sie mit dem Wert auf Zeit, mit der langen Lebensdauer u.ä.
- Bauen Sie Vertrauen für Sie auf.
- Geben Sie dem anderen etwas zu sehen, zu fühlen, zum „Anfassen" in die Hand.
- Legen Sie Bargeld auf den Tisch, um den Abschluß zu beschleunigen.
- Machen Sie ehrliche Versprechungen auf die Zukunft.

15. KAPITEL

Teamarbeit in Verhandlungen

Hauptregel

Gehen Sie mit einem Team in die Verhandlung, das sich in der Sache einig und koordiniert ist, in dem man die Einzelpersönlichkeit achtet und jeder seine aufgetragene Rolle sorgfältig einhält, ohne dem Mitstreiter ins Gehege zu kommen.

Hin und wieder klang es in unseren Betrachtungen schon an, daß besondere Verhaltensweisen zu beachten sind, wenn im Team zu verhandeln ist. Die Grundregeln sind – grob gesehen – ohnehin immer die gleichen. Sie werden unterdessen auch schon so viele Kenntnisse und Erkenntnisse gewonnen haben, daß es Ihnen nicht schwerfällt, die gegebenen Hinweise sinnvoll auf Verhandlungssituationen zu übertragen, in denen Sie in Gemeinschaft arbeiten. Vieles, was hier vorgestellt wurde, gilt ja ohnehin nicht nur für die Situationen, die man allein Verhandlungen nennen sollte. Sie gelten vielmehr auch für Gespräche aller Art, die Verkaufsgespräche insbesonders, für Diskussionsrunden und Konferenzen. Es gibt auch jene andere Betrachtungsweise, die da sagt, daß bereits jede Auseinandersetzung zwischen zwei Menschen, jedes Streitgespräch, eine Verhandlung sei. Es kommt auch dann schon einmal vor, daß solchen Verhandelnden die Argumente ausgehen und an deren Stelle Prügel gesetzt werden. Ich habe es sogar schon erlebt, daß allein dieser Hinweis genügte, um Hitzköpfe davon abzuhalten, sich mit Körperkräften von der Richtigkeit ihrer Gedanken überzeugen zu wollen.

Zurück zum Team. Aus der positiven Anschauung heraus, daß Verhandlungen zum Ausgleich gegenseitiger Interessen führen sollen, sprachen wir bislang oft vom Verhandlungspartner, wenn wir das Gegenüber meinten. Jetzt müssen wir unterscheiden zwischen den wirklichen Partnern, also die, mit denen wir gemeinsam gegen andere verhandeln und eben jenen anderen, die wir in diesem Kapitel deshalb konsequent Verhandlungsgegner nennen wollen. Haben wir es mit mehreren Gegnern zu tun, so ist es nur klug, auch mit Freunden oder Partnern gemeinsam in den Gedankenaustausch einzutreten. Mir fällt hier zwar auch das Schillerwort ein, nach dem der Starke am mächtigsten allein ist. Wer aber weiß schon, ob er zu den Starken gehört und viele langsame Hunde sind letztlich auch des schnellsten Hasen Tod. Gelegentlich gibt es noch neutrale Teilnehmer an Verhandlungen, die Vermittler. Nicht ganz so neutral wie sie es sein sollten, oder wie es vorgegeben wird, daß sie es tatsächlich seien, sind die Experten, die Sachverständigen. Da sie in Verhandlungen, die wir meinen, von einer Seite, also einer Partei mitgebracht werden, ist Parteilichkeit nie auszuschließen. Die andere Partei beschafft sich sofort ihre eigenen Sachverständigen und dann kann es sogar zum Expertenstreit kommen, der die Parteilichkeit deutlich herausstellt.

So schwierig es mitunter ist, die einzelnen Mitglieder einer Verhandlungsgruppe gleichzustimmen, unter einen Hut zu bringen, so gibt es doch auch Vorteile der Verhandlung mit mehreren gegen mehrere. Man kann sich die Bälle zuwerfen, beschränkte Kompetenzen ins Spiel bringen und mit den verschiedenen Denkarten der einzelnen Teilnehmer taktieren. Von solchen oder ähnlichen Dingen soll in unserem letzten Kapitel die Rede sein.

Lassen Sie es weg, wenn Sie nur allein verhandeln, es sei denn, Sie wünschen, den großen Überblick abzurunden.

Wir haben Gegner – wir brauchen Partner

Es gehört zu den Überlegungen und Vorbereitungen dessen, der die Verhandlung wünscht bzw. plant, darüber nachzudenken, welche Mitarbeiter er zum Verhandlungsteam zusammenstellt. Wenn er später nicht zugleich der Verhandlungs- bzw. Teamleiter ist, so gilt es, zunächst schon diesen zu benennen. Bei jedem weiteren Mitglied ist schon genaue zu überlegen, warum es aufgenommen werden soll. Geht es um technische Anlagen, so wird dem Kaufmann als Verhandlungsleiter der Ingenieur zur Seite stehen, vielleicht aber auch der Produktionsleiter und der Obermonteur, die die Aufstellung überwachen. Gleiches gilt für jeden Fachmann: Er muß herbei, wenn die eigenen Kenntnisse in der Verhandlung nicht reichen. Hier wollen wir uns aber nun damit befassen, wie man am besten gemeinsam vorgeht.

So geht es:	So geht es nicht:
In einer Vorbesprechung, deren Umfang vom Verhandlungsthema abhängt, sind die Ansichten zu koordinieren	Gehen Sie nicht mit einem Team in die Verhandlung, in dem es starke Meinungsverschiedenheiten hinsichtlich des Themas gibt

Sonst: Könnte es geschehen, daß Sie nach zwei Seiten kämpfen müssen und der eigentliche Verhandlungspartner das weidlich ausnützt

---

Spielen Sie in einer Vorbesprechung die Verhandlung durch. Lassen Sie dabei ein Mitglied die gegnerische Meinung vertreten (advocatus diaboli)	Ohne Proben dafür, wie man bei bestimmten Zügen des Gegners taktieren will, gibt es später möglicherweise große Schwierigkeiten

Sonst: Könnte bei allem guten Willen der Beteiligten in der Verhandlung einiges durcheinandergeraten

---

Auch die größte Gruppe besteht aus einzelnen Menschen, deren jeder als Persönlichkeit geachtet, d.h. angesprochen sein möchte

Sprechen Sie in der Gruppe (aus Ihrer Gruppe) nicht zu einem einzelnen der Gegnergruppe, sondern zu allen oder nacheinander zu jedem

Sonst: Kann gerade der, der sich nicht angesprochen fühlt, später den Abschluß verhindern. Er nützt seine Macht dann, wenn er sie zeigen kann

---

Der Ranghöchste unter den Gegnern erwartet zwar, daß ihm besondere Reverenzen gemacht werden, das darf jedoch nur in Grenzen geschehen

Vermeiden Sie es, den Ranghöchsten unter den Gegnern zu deutlich zu bevorzugen. Es wird möglicherweise manchem seiner Partner nicht behagen

Sonst: Geschieht etwa das gleiche wie im vorigen Fall, irgendjemand fühlt sich herabgesetzt und schießt bei Gelegenheit quer

---

Führen Sie als Gruppenleiter ebensowenig allein das große Wort, sondern lassen Sie alle Mitglieder Ihrer Gruppe zu Wort kommen

Nichtbeteiligte Teampartner sind keine Staffage, kein Hofstaat, keine Komparserie. Sie wollen es jedenfalls nicht sein

Sonst: Geschieht etwa das gleiche wie im vorigen Fall, irgend jemand fühlt sich nutzt mitunter solche Situationen aus und schafft sich sozusagen Verbündete in unserem Lager

---

Geben Sie Ihrem Fachmann Gelegenheit, sachlich zu den Punkten, an denen er seine Kenntnisse ansetzen kann, Stellung zu nehmen

Lassen Sie niemanden, auch nicht den Spezialisten, in Ihrem Team lange Monologe führen, es langweilt nicht nur den Gegner

Sonst: Schläft Ihnen der Teil der Mannschaft ein, der nicht die Fachkenntnisse hat

---

Sprechen Sie ab und zu den einzelnen Mann in der gegnerischen Mannschaft an (möglichst mit Namen), vielleicht gewinnen Sie einen Freund im anderen Lager

Spielen Sie nicht einen gegen den anderen von Ihren Verhandlungsgegnern gegeneinander aus; Sie bringen damit persönliche Angriffe an

Sonst: Kann genau das Gegenteil des von Ihnen Beabsichtigten eintreten: Die Fronten verhärten sich

---

Es ist hingegen erlaubt, auf Widersprüche zwischen Aussagen von Partnern auf der gegenüberliegenden Seite aufmerksam zu machen

Unterlassen Sie aber auch in solchen Fällen sehr sorgfältig, irgend jemanden persönlich anzugreifen

Sonst: Wird man den Fehler nicht wahrhaben wollen, den Widerspruch vertuschen oder beschönigen

---

Halten Sie sich als Teilnehmer in einer Gruppe nicht zu stark zurück. Arbeiten Sie mit, es sei denn, Sie sind angewiesen, auf ein „Stichwort" zu warten

Wer sich nicht beteiligt, wenn er als Mitglied in ein Team berufen wurde, schadet seiner Mannschaft mehr als er ihr nützt

Sonst: Empfindet man Sie vielleicht als einen Ballast, den man durch die Verhandlung zu schleppen hat. (Abgesehen davon, daß Sie künftig nicht mehr mitgenommen werden, es sei denn als Hofschranz.)

Greifen Sie nicht in die Zuständigkeiten des anderen Partners ein. Sind Sie für die Technik zuständig, aber nicht für den Preis, dann keinen Kommentar zum Finanziellen

Wenn der Kaufmann dem Techniker im eigenen Team – oder umgekehrt – Vorschriften zu machen versucht, entsteht Streit in den eigenen Reihen

Sonst: Zerbricht die geschlossene Front, der Verhandlungsgegner wird nicht zögern, daraus einen Nutzen für sich zu ziehen

---

Taktiken im Verhandlungsteam

Eine Sportmannschaft ist nur solange etwas wert, wie sie im Mannschaftsgeist kämpft und jeder seinen Platz ausfüllt. Zwar soll auch schon mal ein wütender Torwart mit dem Ball über das Feld ins gegnerische Tor gerannt sein, im Normalfall bringt solch ein Versuch gewaltigen Ärger.

Eine gut eingespielte Mannschaft spielt sich den Ball zu, hat ihre Strategie und Taktik und siegt. Eine Gruppe von Stars ist noch keine Mannschaft, das hat man nicht nur im Sport schon erfahren müssen. Handeln Sie in der Mannschaft also auch im Mannschaftsgeist.

·Möglich:

Denken Sie an die Taktik des Artwechsels. Zunächst argumentiert ein Mitglied sehr hart, dann wird es von dem „wohlwollenden" Typ abgelöst

Unmöglich:

Es ist nicht möglich, diesen Wechsel zu oft in einer Runde vorzunehmen, weil sonst erhebliche Konfusion auftritt

Also: Werden Sie wahrscheinlich nur einmal wechseln. Erst ließen Sie ein Mitglied hart verhandeln, dann erscheint es wie eine Konzession, wenn der „zugänglichere Typ" das Wort übernimmt

---

Achten Sie auf den „harten Mann" in der Gegnermannschaft. Setzen Sie auf ihn den gleichen Typ aus der eigenen Reihe an

Auf Boshaftigkeiten mit gleicher Münze heimzuzahlen, wäre hingegen unkluges Taktieren

Also: Werden Sie Querulanten gegenüber mit sachlicher, freundlicher Kühle reagieren, aber auf den hart Argumentierenden den gleichen Fighter ansetzen

---

Haben Sie ausgesprochen aufgeschlossene Mitstreiter, so verteilen Sie sie in der Runde, damit vielleicht auch anwesende Misanthropen (vielleicht als Fachkraft unentbehrlich) nicht zu stark auffallen

Vermeiden Sie es, Streithammel nebeneinander zu setzen. Gleiches gilt für Miesmacher. Negative Kräfte müssen gedämpft werden, damit nicht das ganze Team von ihnen beeinflußt wird

Also: Wird es Ihr Bemühen sein, aus taktischen Gründen eine Sitzordnung vorzusehen, in der es zu einem Ausgleich der Stimmungskräfte kommt

---

Halten Sie die Geschwätzigen nach Möglichkeit aus dem Team fern. Geht es nicht, dann halten Sie sie unter Kontrolle

Was im Einzelgespräch gilt, gilt auch in der Verhandlung: Zu viel Geschwafel bringt die Sache ins Stocken

Also: Werden Sie das Ihrige dazu beitragen, daß die Redundanz nicht noch mehr zunimmt, sondern jenen mehr das Wort zu erteilen ist, die Informationen anzubieten haben

---

Gute Spezialisten, Wissenschaftler, Gelehrte, die ihre Kenntnisse oft in Alleinarbeit erwarben, sind mitunter in der Öffentlichkeit gehemmt. Sie müssen ermuntert werden

Fachkräfte, die vielleicht umfangreiche Stellungnahmen vom Blatt lesen, dürfen nicht unter die Schwätzer eingereiht werden. Sie halten sich oft nur aus Ängstlichkeit an ihren Ausführungen fest

Also: Werden Sie durch gezielte Fragen sich die Diskussionsbeiträge so hereinholen, daß dadurch der Verlauf der Verhandlung vorangebracht wird

---

Achten Sie auf den Distanzierten, den Gegentyp zum Schwätzer. Vielleicht wartet er nur auf die Gelegenheit, einzugreifen. Bringen Sie ihn vorher zum Reden

Es ist gefährlich für die Verhandlung, wenn man in einem Gegner Sprengstoff ansammeln läßt – es muß ja dann mal zu einer Explosion kommen

Also: Sind Sie – wie schon empfohlen – darum bemüht, alle am Gespräch zu beteiligen. Wenn einer nichts sagt, fragen: „Ich würde gern die Meinung Ihres Herrn A. zu diesem Thema hören."

Den Fragenden auf der anderen Seite die Fragen beantworten. Merkt man ihre Taktik des „Ausfragens", dann zurückfragen: „Wie würden Sie denn selbst die Dinge sehen?"

Lassen Sie sich nicht ausfragen. Stellen Sie notfalls Fragen zurück oder behaupten Sie, daß *das* im Moment nicht zum Thema gehöre. Vertrösten Sie: „Darauf kommen wir noch zurück."

Also: Wenn jemand (die ja von uns so warm empfohlene) Fragetechnik gegen Sie einsetzt, bleiben Sie ruhig. Fragen Sie zurück. Geben Sie mit Ihrer Antwort auch eine Frage auf – am besten gleich mehrere

Das besonders Wissenswerte aus Kapitel 15

- Gehen Sie nicht mit einem Team in die Verhandlung, in dem es Meinungsverschiedenheiten gibt, koordinieren Sie die Ansichten.
- Simulieren Sie in Vorbesprechungen die spätere Verhandlung und setzen Sie dabei einen advocatus diaboli ein.
- Achten Sie die Einzelpersönlichkeit, auch wenn sie Ihnen in einer Mannschaft begegnet.
- Nicht selbst oder nur einen das große Wort führen lassen, alle sollen sich äußern.
- Der Fachmann soll sich sachlich, möglichst kurz äußern aber keine langen Monologe führen.
- Weisen Sie auf Widersprüche in der gegnerischen Mannschaft hin, wenn Ihnen solche auffallen.
- Fallen Sie dem eigenen Mitstreiter nicht ins Wort, drängen Sie sich nicht in seine Kompetenzen.
- Besonders den harten Mann im gegnerischen Feld im Auge behalten.
- Lassen Sie möglichst keinerlei Schwätzerei aufkommen.
- Fragen kurz beantworten und sofort mit Gegenfragen an den Verhandlungspartner verknüpfen.

Schlußbetrachtung

Täglich kommen Sie in Situationen, in denen es zu verhandeln gilt. Das Leben besteht aus Verhandlungen von dem Zeitpunkt an, da Sie um ein höheres Taschengeld angingen, wenn nicht früher. Wir haben Ihnen hier über 600 Betrachtungspunkte zusammengestellt, von denen viele sowohl von der positiven als auch von der negativen Seite her angesprochen wurden. Möglicherweise nicht alles, aber doch sehr vieles davon läßt sich auch auf Ihre besonderen Belange verwenden. Mehr als 1 000 Denkanstöße erhielten Sie über 15 Kapitel verteilt. Davon werden sich viele ganz besonders für Ihre Gespräche auswerten lassen. Handeln Sie insbesondere nach den Merksätzen am Schluß jedes Kapitels! Insgesamt sind es 150 solcher wichtigen Merksätze mit Checklistencharakter. Es bringt Ihnen Nutzen – von dem wir so oft sprachen – sich gelegentlich anhand dieser „Checklisten" zu überprüfen. Wer alle Punkte im Gedächtnis behalten könnte und sich auch nach ihnen richtet, müßte sich in jeder Verhandlung durchzusetzen verstehen.

Versuchen Sie es mit dem Prinzip der kleinen Schritte. Nehmen Sie sich immer einige unserer Betrachtungspunkte zum Denkanstoß, prägen Sie sich deren Inhalt gut ein und verfahren Sie sinngemäß danach, wenn es mal wieder darauf ankommt.

Da es aber meist mehr Spaß macht, anderen deren Fehler nachzuweisen als die eigenen zu beseitigen, könnte es sich auch indirekt auszahlen, wenn Sie „draußen" mal darauf achten, was so alles falsch gemacht wird und davon zu lernen, wie man es besser macht oder besser nicht macht.

Verlag und Verfasser hoffen, daß Sie gut Freund mit diesem Buch bleiben und wünschen Ihnen viel Erfolg bei künftigen Verhandlungen.

Stichwortverzeichnis